# Borneo

# Borneo

Text von Junaidi Payne
Fotos von Gerald Cubitt
und Dennis Lau

Produziert in Zusammenarbeit mit dem WWF Malaysia

# TIME-LIFE BÜCHER

## FASZINATION FERNE LÄNDER

**Redaktionsstab für *BORNEO*:**
*Commissioning Editor:* Charlotte Parry-Crooke
*Project Manager:* Tim Jollands
*Editors:* Ann Baggaley, Beverley Jollands
*Consultant:* Jayl Langub
*Designer:* Philip Mann, ACE Limited
*Cartography:* Julian Baker

**Deutsche Ausgabe:**
*Leitung:* Marianne Tölle
Aus dem Englischen übertragen von Joachim Peters
Titel der Originalausgabe: *This is Borneo*

ISBN 90-5390-654-1

*DTP:* Utesch Satztechnik GmbH, Hamburg
*Farbreproduktionen:* Unifoto (Pty) Ltd.
*Druck und Einband:* Tien Wah Press (Pte) Ltd., Singapur

# INHALT

# QUELLENNACHWEIS DER ABBILDUNGEN

Die Herausger danken folgenden Personen und Institutionen für ihre freundliche Abdruckgenehmigung. Alle Photos in diesem Band stammen von Gerald Cubitt, mit Ausnahme der unten genannten:

Dinnis Lau: Seiten 12, 13, 16, 22, 35–39, 41–50.

Jack Jackson: Seiten 92 (oben links), 166–168, 170 (oben), 171.

Debbie Martyr: Seiten 94 (unten), 103 (unten), 113

Junaidi Payne: Seiten 85 (unten), 95 (Mitte rechts), 119 (unten), 120, 121 (unten), 122 (unten), 132 (unten), 135 (oben).

Cede Prudente: Seiten 129, 140, 145, 148, 152 (oben links), Seite 158 (unten).

R. Rajanathan: Seiten 95 (unten rechts), Seite 149 (unten)

Royal Geographical Society/Brunei-Regenwald-Projekt
Chris Caldicott: Seiten 70, 71(oben), 72–75 • Paul Harris: Seiten 58 (unten links), 71 (unten)

Sabah Museum/Woolley Collection: Seiten 18, 32, 53
Sabah Museum/Martin and Osa Johnson Collection: Seite 33

Sabah Parks: Seite 76 (oben links)

Sabah State Archives: Seite 31

Secret Sea Visions (Burt Jones und Maurine Shimlock): Seiten 138 (unten links), 169 (rechts), 170 (unten)

WWF Malaysia Photolibrary: Seite 95 (unten links)
Lena Chan: Seite 118 (unten) • Andy Johns: Seite 153 (unten) • Mikaail Kavanagh: Seite 152 (unten)
Rodney Lai: Seite 152 (oben rechts) • Junaidi Payne: Seiten 132 (oben), 135 (Mitte)
R. Rajanathan: Seiten 123 (unten), 128 (unten Mitte), Seite 135 (unten)

Sylvia Yorath: Seiten 87 (oben), 118 (oben), 128 (oben und unten links), 132 (Mitte)

Die Illustrationen von dem vorderen Teil des Bandes haben folgenden Inhalt:
Frontispiez: Iban-Tänzer, Sarawak.
Seite 2: Tropeninsel vor Semporna, Sabah.
Titelseite: Orang-Utan-Baby, Tanjung Puting National Park, Zentralkalimantan.
Seite 4: Segama-Fluß, Sabah.
Seite 5: Santubong-Strand, Sarawak.
Seite 7: Schwimmender Markt, Banjarmasin, Südkalimantan.
Seite 10: Blick auf den Gunung Kinabalu von Kota Kinabalu, Sabah, aus.
Seite 11: SarawakFluß bei Kuching, Sarawak.
Unten: Omar-Ali-Saifuddin-Moschee, Bandar Seri Begawan, Brunei Darussalam.

# DANKSAGUNG

Die Herausgaber danken im besonderen Maße den Sponsoren, Fachautoren und Fachberatern, für ihre engagierte Mitwirkung an diesem Projekt. Ferner danken Autor, Photographen und Herausgeber folgenden Personen und Istitutionen für ihre hilfreiche Unterstützung bei der Vorbereitung dieses Bandes:

World Wide Fund For Nature (WWF) Malaysia
Malaysia Tourism Promotion Board, Ministry of Culture, Arts & Tourism
Ministry of Environment & Tourism, Sarawak
Development & Commercial Bank Berhad
Perlis Plantations Berhad
Rashid Hussain Berhad
Shell Companies in Malaysia
Sime Darby Group

WWF MALAYSIA
Dr. Mikaail Kavanagh, Executive Director
Susan Abraham • Dr. Isabelle Louis • Christina Yin • Sabri Zain

MALAYSIA
Sabah Forestry Department • Sabah Foundation
Sabah Ministry of Tourism and Environment Development
Sabah Parks • Sabah Wildlife Department
National Parks and Wildlife Office, Sarawak Forestry Department
Communities of Sandakan, Kota Kinabalu and the Kinabatangan River
Saimon Ambi • Ron Holland, Borneo Divers
David Labang • Tony and Anthea Lamb
Francis Liew, Sabah Parks
Malaysia Airlines
Holiday Inn, Kuching • Hyatt Kinabalu International

INDONESIEN
Joop Avé, Minister of Tourism
Andi Mappisammeng, Director-General of Tourism, Indonesia
Drs. Effendy Sumardja and the Central and Field Staff of
the Offices of Natural Resources and Nature Conservation
Udin Saifuddin, Marketing Director, Directorate General of Tourism
Peter Pangaribuan and Zain Sumedy, Directorate General of Tourism
Garuda Indonesia • Merpati Nusantara Airlines

Besonderer Dank geht auch an:
Professor David J. Bellamy
Ken Scriven
The Earl of Cranbrook • Nigel de N. Winser
Janet Cubitt • Azizah Hamid
Glyn Davies • Jack Jackson • Dr. Kathy MacKinnon
William Rivière
The Royal Geographical Society

SÜDCHINESISCHES MEER

JAVASEE

PULAU BALAMBANGA

Tempasuk Plain
Kota Belud
TUNKU ABDUL
RAHMAN PARK    Tuaran
**Kota Kinabalu**
PULAU TIGA PARK
Membakut
Beaufort
PULAU LABUAN
**Bandar Seri Begawan**
**BRUNEI**
Kuala Belait    Limbang
**Miri**    Marudi
LAMBIR HILLS NATIONAL PARK
NIAH NATIONAL PARK
SIMILAJAU NATIONAL PARK
Bintulu
**Sibu**
Tanjung Datu
SAMUNSAM WILDLIFE SANCTUARY
BAKO NATIONAL PARK
GUNUNG GADING NATIONAL PARK    Santubong
**Kuching**
Semengoh Wildlife Rehabilitation Centre
Sambas
LANJAK-ENTIMAU WILDLIFE SANCTUARY
BATANG AI NATIONAL PARK
Kapit
**SARAWAK**
Belaga
Usun Apau
KAYAN-MENTARANG NATURE RESERVE
Apo Kayan
Longnawan
**OSTKALIMAN**
**MALAYSIA**
**INDONESIEN**
Sumpa-See
Sentarum-See
Kapuas
Mandor
**Pontianak**    Tayan
Kapuas
**WESTKALIMANTAN**
BUKIT RAYA NATURE RESERVE
Semayang-See
Melintang-See
Jempang-See
Tanjung Isuy
Sukadana    GUNUNG PALUNG NATURE RESERVE
Kotawaringin
Sekuhir
**ZENTRALKALIMANTAN**
Pasir
**Palangkaraya**
TANJUNG PUTING NATIONAL PARK
Barito
Kahayan
**SÜDKALIMANTAN**
**Banjarmasin**
**Martapura**
PULAU LAU

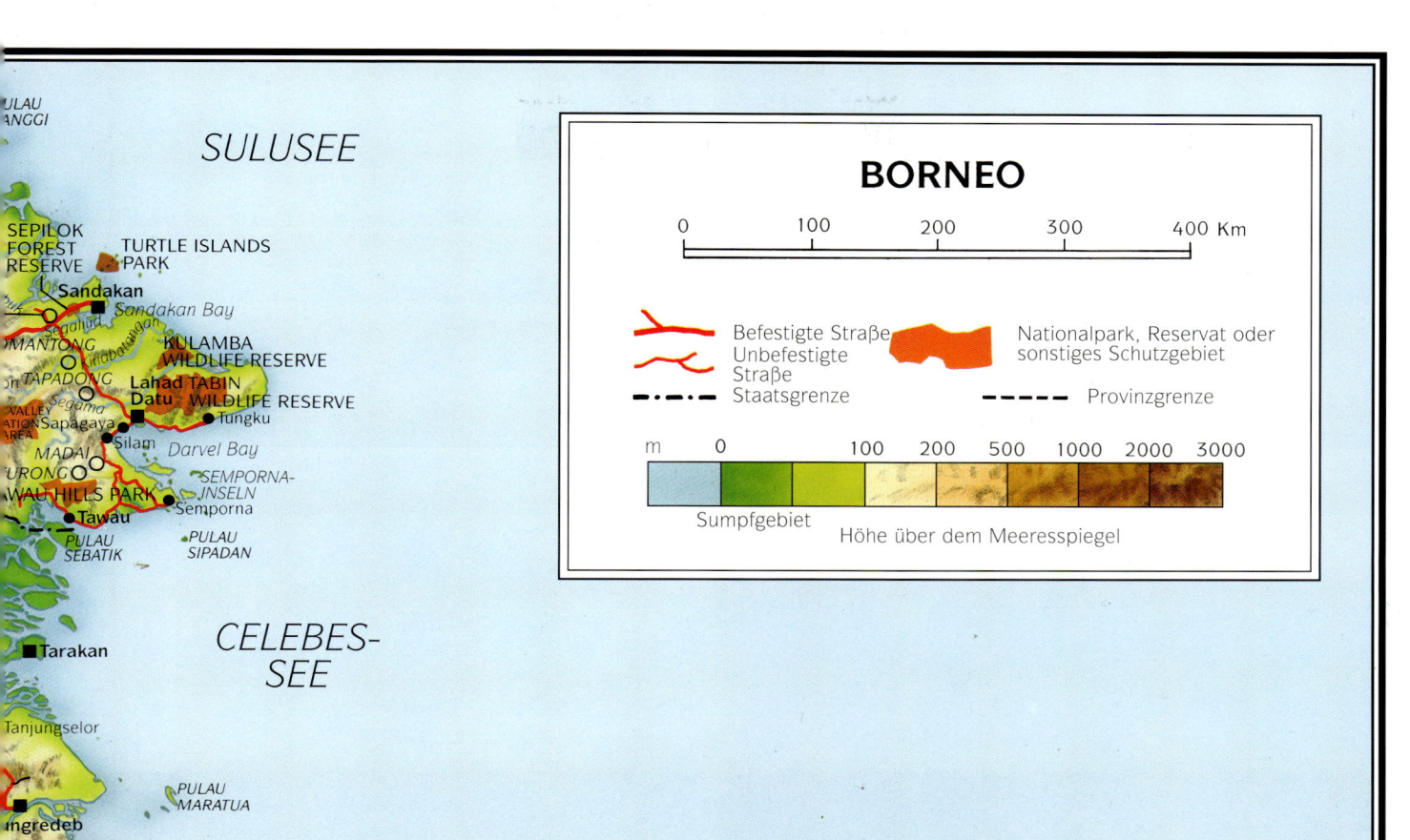

SULUSEE

PULAU
ANGGI

SEPILOK
FOREST
RESERVE

TURTLE ISLANDS
PARK

**Sandakan**

*Sandakan Bay*

IMANTONG

KULAMBA
WILDLIFE RESERVE

TAPADONG

Lahad TABIN
Datu WILDLIFE RESERVE

VALLEY
ATION Sapagaya Tungku
AREA Segama

MADAI Silam *Darvel Bay*

URONG SEMPORNA-
INSELN

WAU HILLS PARK Semporna

**Tawau**

PULAU
SEBATIK PULAU
SIPADAN

CELEBES-
SEE

**Tarakan**

Tanjungselor

PULAU
MARATUA

ngredeb

kulirang

NAL PARK

**Bontang**

amarinda

set-Samboja
ch Station
pan

## BORNEO

| 0 | 100 | 200 | 300 | 400 Km |
|---|---|---|---|---|

— Befestigte Straße
🔶 Nationalpark, Reservat oder
— Unbefestigte sonstiges Schutzgebiet
Straße
–·–·– Staatsgrenze – – – – Provinzgrenze

m  0     100  200  500  1000 2000 3000

Sumpfgebiet   Höhe über dem Meeresspiegel

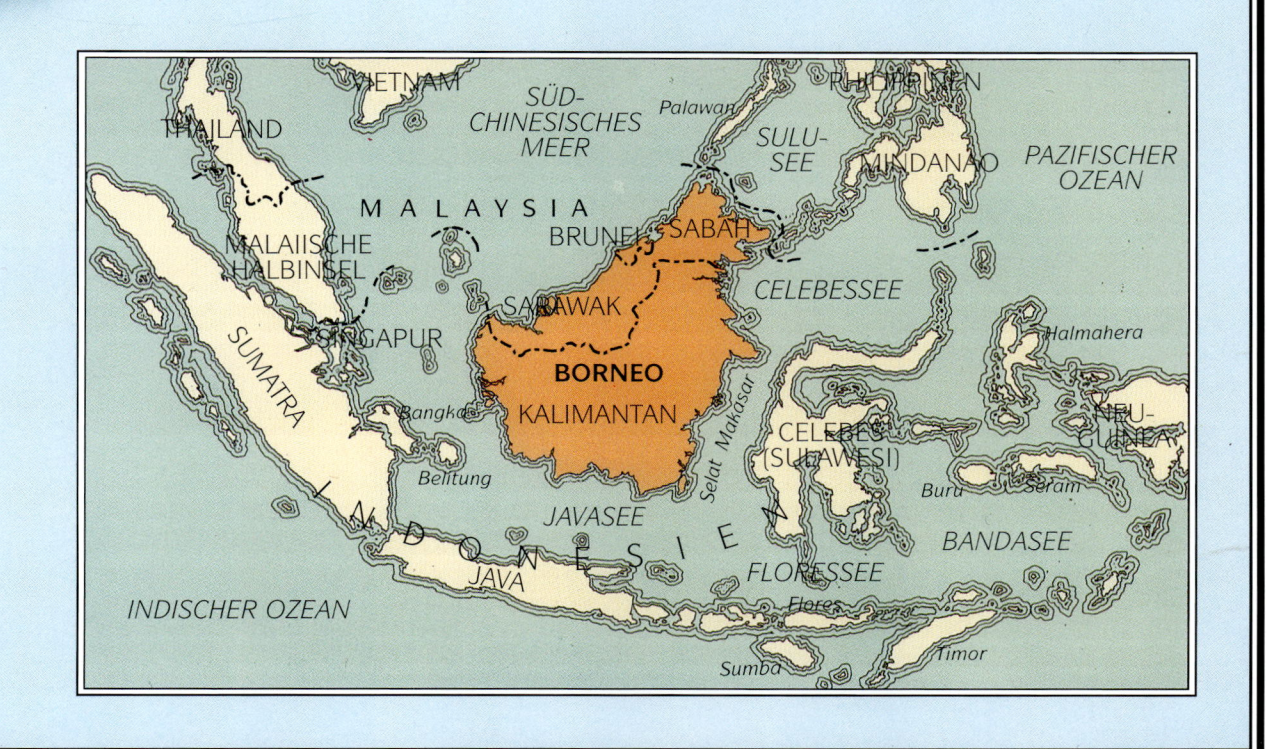

VIETNAM SÜD- PHILIPPINEN
THAILAND CHINESISCHES Palawan
MEER SULU-
SEE MINDANAO PAZIFISCHER
OZEAN
MALAYSIA BRUNEI SABAH
MALAIISCHE CELEBESSEE
HALBINSEL
SARAWAK Halmahera
SINGAPUR
BORNEO NEU-
GUINEA
Bangka KALIMANTAN CELEBES Buru Seram
SUMATRA (SULAWESI)
Belitung Selat Makasar BANDASEE
JAVASEE
INDONESIEN FLORESSEE
JAVA
Flores Timor
INDISCHER OZEAN
Sumba

# EINLEITUNG

Eine siebenhundertundvierzigtausend Quadratkilometer große, beiderseits des Äquators gelegene Tropeninsel, Heimat einer großen Vielfalt von Menschen, Tieren und Pflanzen, die bis vor noch nicht allzu langer Zeit in und von den Regenwäldern und Korallenriffen Borneos in Eintracht miteinander lebten – dies ist der Eindruck, den ich über die drittgrößte Insel der Welt bei der Lektüre der Abenteuer des viktorianischen Naturforschers Alfred Russel Wallace erhielt.

Seine umfassenden Studien über das vielfältige Tierleben dieser Region veranlaßten ihn, eine hypothetische Trennlinie zwischer orientalischer und australasischer Fauna zu ziehen. Mit unserer heutigen Kenntnis der Kontinentaldrift würden wir von der Fauna der beiden Urkontinente Laurasia und Gondwana sprechen – von einer Fauna, die in uralten Regenwäldern zu Hause ist, in denen auch die größte Blüte der Welt gedeiht.

Als ich diese Insel schließlich selbst sah, übertraf sie in jeder Hinsicht meine Erwartungen: von den Bergnebelwäldern des Gunung Kinabalu über das Kalksteingebiet von Mulu und die einzigartigen Torfsümpfe bis in die Tiefen der verschiedenen Korallenriffe.

Wenn es so etwas wie ein „tropisches Paradies" gibt, dann findet man es auf Borneo.

Wie in allen derartigen Gegenden der Welt, ist jedoch auch auf Borneo die Natur in den vergangenen 30 Jahren schwer in Bedrängnis geraten.

Dieses hervorragende, gerade zur rechten Zeit erscheinende Buch enthält Bilder der Vergangenheit, Erfahrungen der Gegenwart und Ausblicke in die Zukunft, in der die Regierungen Bruneis, Indonesiens und Malaysias der Welt beweisen könnten, daß auch heute eine nachhaltige und umweltverträgliche Nutzung der natürlichen Ressourcen dieser einzigartigen Insel durchaus möglich ist.

David J. Bellami
The Conservation Foundation
London

# Vorwort

Wer nicht selbst in Südostasien lebt, sondern seine Vorstellung von Borneo aus Zeitschriftenartikeln und Dokumentarfilmen im Fernsehen bezieht, erhält ein mehr oder weniger schiefes Bild. Ihm erscheint Borneo als dichter, dampfender Regenwald, bewohnt von lärmenden Vögeln, Orang-Utans und exotischen Eingeborenen, die sich gegen verantwortungslose Holzfäller und die unaufhaltsame Zerstörung ihrer Wälder wehren, sowie vom reichsten Mann der Welt, dem Sultan von Brunei.

Für uns, die wir hier leben, ist Borneo ganz einfach unsere Heimat. Müßten wir sie in wenigen Stichworten beschreiben, so wären unsere Antworten, ganz gleich aus welchen Teil Borneos wir kommen, unweigerlich geprägt von der Tatsache, daß wir in einem Entwicklungsland leben, in dem äußere Veränderungen, eine immer besser werdende Infrastruktur, neue Möglichkeiten der persönlichen Entfaltung und die Hoffnung auf einen höheren Lebensstandard das Lebensgefühl der Menschen bestimmen. Manche würden vielleicht auch ihre Besorgnis über die Abholzung der Wälder zum Ausdruck bringen, doch könnte man dem mit Fug und Recht entgegenhalten, daß Borneo noch immer über weitaus mehr Wald verfügt als die meisten anderen Gegenden dieser Welt.

Dieses Buch wurde in enger Zusammenarbeit mit dem World Wide Fund For Nature (WWF) Malaysia zusammengestellt – einer Organisation, die bei ihrer naturschützerischen Arbeit grundsätzlich auf ein ausgewogenes, realistisches Vorgehen bedacht ist. Somit liefert das Buch ein ausgewogenes Bild der drittgrößten Insel der Erde; das einzigartige Bildmaterial wird ergänzt durch knappe, die unterschiedlichsten Themenbereiche umfassende Texte über die Geographie, Geschichte, staatliche Gliederung, Bevölkerung, die wirtschaftliche Umwälzungen und den Naturschutz.

YM Tengku D. Z. Adlin
Trustee
WWF Malaysia

# BORNEO IM ÜBERBLICK

Borneo ist nach Grönland und Neuguinea die drittgrößte Insel der Welt. Die weitläufige, 740 000 km² große, tropisch grüne Wildnis im riesigen Malaiischen Archipel liegt, umrahmt von zahlreichen Korallenriffen, genau auf dem Äquator. Die wilde, beeindruckend schöne Landschaft der Insel mit ihren dichtbewaldeten, von breiten, schlammigen Flüssen durchschnittenen Bergen ist ungemein abwechslungsreich. Ihre unvergleichliche Natur hat ein außergewöhnliches Spektrum an Pflanzen und Tieren, von denen viele nur auf Borneo anzutreffen sind; das Potential an Neuentdeckungen scheint unerschöpflich. Das vielleicht Faszinierendste an Borneo ist jedoch die kulturelle Vielfalt seiner zahlreichen Volksgruppen, die ihren jeweiligen ethnischen Ursprüngen weitgehend treu blieben.

Das heutige, aus einem verworrenen Geflecht historischer Entwicklungen hervorgegangene Borneo ist auf drei Staaten aufgeteilt: auf Negara Brunei Darussalam (meist kurz Brunei genannt) sowie auf die zu Malaysia und Indonesien gehörenden Inselteile.

Das schon vor langer Zeit als Handelszentrum gegründete, winzige unabhängige Sultanat Brunei im Nordwesten der Insel ist gerade einmal 5765 km² groß. Seine Hauptstadt ist Bandar Seri Begawan. Brunei ist umgeben vom malaysischen Bundesstaat Sarawak, dessen 123 985 km² umfassendes Staatsgebiet im 19. Jahrhundert vom Sultan von Brunei an die englische Familie Brooke verkauft worden war. Der Name seiner Hauptstadt Kuching bedeutet auf malaiisch „Katze". Der Legende nach war der Ort, auf dem die Stadt erbaut wurde, berühmt für seine Matakuching- (Katzenaugen-)Bäume mit ihren glänzenden, eßbaren Früchten. Sabah, der zweitgrößte malaysische Bundesstaat, nimmt mit seinen 73 620 km² den nördlichsten Zipfel Borneos ein; er war einst im Besitz einer britischen Handelsgesellschaft, die das Territorium im späten 19. Jahrhundert von den Sultanen von Brunei und Sulu gekauft hatten. Die Hauptstadt Kota Kinabalu ist nach dem Gunung (Berg) Kinabalu benannt. Sabah und Sarawak bilden zusammen „Ostmalaysia", das von „Westmalaysia" auf der Malaiischen Halbinsel durch das Südchinesische Meer getrennt ist.

Der Rest und bei weitem größte Teil Borneos gehört zu Indonesien. Das riesige Kalimantan, das einst die Niederländer in ihr Kolonialreich zu integrieren versuchten, bedeckt eine Fläche von 535 834 km² und ist in vier Provinzen geteilt: Ostkalimantan (indonesisch: Kalimantan Timur), das vermutlich dem alten Königreich Mulawarman entspricht, mit der Provinzhauptstadt

Samarinda; Südkalimantan (Kalimantan Selatan), das einstige muslimische Sultanat Banjar, an das noch heute der Name seiner Hauptstadt Banjarmasin erinnert; Zentralkalimantan (Kalimantan Tengah), das 1957 in der Absicht gegründet wurde, einen mörderischen Konflikt beizulegen, mit der Hauptstadt Palangkaraya; und schließlich Westkalimantan (Kalimantan Barat), das im wesentlichen aus dem Einzugsgebiet des Kapuas, Indonesiens längstem Fluß, besteht, an dessen Ufer auch die in den 1770er Jahren gegründete Hauptstadt Pontianak liegt.

Jahrhundertelang zog das geheimnisumwitterte Innere Borneos Entdecker, Händler und Abenteurer auf der Suche nach dem Exotischen, dem Außergewöhnlichen und Sensationellen in seinen Bann. Zwar gehören die Mythen, die einst das Interesse der Außenwelt weckten, zu Recht längst der Vergangenheit an, doch ist die Insel für den Reisenden von heute deshalb nicht weniger attraktiv. Eine moderne Infrastruktur hat Gebiete erschlossen, in die sich einst nur die Unerschrockensten vorwagten, so daß heutige Besucher relativ problemlos die Flora und Fauna der Regenwälder im Landesinnern oder die althergebrachten Lebensweisen ihrer Bewohner kennenlernen können. Gutgeführte Nationalparks und Reservate bieten Gästen die Möglichkeit, Orang-Utans in freier Wildbahn oder seltene Orchideenarten zu bewundern, und eine expandierende Tourismusindustrie ist auf dem besten Weg, nicht nur die Insel selbst, sondern auch die bei Tauchern so beliebten Korallenriffe vor ihren Küsten zu erschließen.

# LANDESNATUR

Vor sehr langer Zeit bildete Borneo wie zahlreiche andere Inseln des Malaiischen Archipels, einschließlich Sumatra, mit dem asiatischen Festland eine riesige Landmasse. Als während der letzten Eiszeit der Meeresspiegel stieg, wurde diese Landverbindung unterbrochen, so daß Borneo heute zwar abgetrennt in flachem Gewässer liegt, aber über einen unterseeischen Ausläufer des Festlands, das sogenannte Sundaschelf, noch immer mit dem Kontinent verbunden ist. Noch heute wirkt die ehemalige Landverbindung in der unübersehbaren Ähnlichkeit von der Flora und Fauna Borneos und der des asiatischen Festlands nach.

Aus geologischer Sicht ist Borneo dennoch ein recht junges Land, da die Insel im wesentlichen aus dicken Schichten von Sedimentgesteinen besteht, die sich größtenteils während der letzten 60 Millionen Jahre unter dem Meer aufgebaut haben. Bewegungen der Erdoberfläche haben zu Verwerfungen, Faltungen und schließlich zur Exposition dieser Gesteinsschichten geführt. Eruptive und metamorphe Gesteinsarten, die weit unterhalb der Sedimente entstanden sind, ragen in allen Teilen der Insel in Form von Bergen, Bergketten und vereinzelten Felsformationen empor. Die auffälligste dieser Erhebungen ist der Gunung Kinabalu im Westen Sabahs, mit 4101 Metern der höchste Berg nicht nur Borneos, sondern ganz Südostasiens. Mit seinen schroffen Gipfeln bietet der Kinabalu einen wahrhaft majestätischen Anblick. Seine gewaltige Granitmasse wurde vor nur etwa 1,5 Millionen Jahren durch die Erdoberfläche hochgedrückt, und noch immer wächst der Berg langsam, aber stetig in die Höhe. In den vergangenen 20 000 Jahren gab es jedoch auf Borneo keine vulkanische Tätigkeit.

Borneos Küste ist permanent in Veränderung begriffen. In einigen Gegenden führen Meeresströmungen Sand mit, der unablässig die Form der traumhaften weißen Strände ändert; noch weit deutlicher wird die Küstenbildung jedoch dort, wo breite Flüsse ins Meer münden. Hier lagern sich Tonnen von Schlamm ab, die rasch von den sich unaufhaltsam ausbreitenden Mangroven in Besitz genommen werden.

Von dem steilen Bergkamm, der sich von der Spitze Sabahs im Norden quer über die ganze Insel fast bis zur Küste von Westkalimantan erstreckt, verästeln sich in alle Richtungen Flüsse, die aufgrund der starken Niederschläge ständig Wasser führen. Diese Wasserwege sind die wichtigsten Verkehrsverbindungen Borneos; sie ermöglichen seit Jahrhunderten die Kommunikation zwischen den verschiedenen Volksgruppen und die Besiedlung des Landesinnern.

## DAS KLIMA

Die ganze Insel Borneo liegt zwischen den beiden Wendekreisen auf dem Äquator. Die Temperaturen sind das gesamte Jahr über hoch; im Tiefland liegen sie am Tage um 30° C, und eine Nachttemperatur von 20° C an der Küste wird bereits als kühl empfunden. Pro 100 m Höhenunterschied nimmt die Temperatur um etwa 1° C ab. Die jährliche Niederschlagsmenge ist auf ganz Borneo sehr hoch, doch gibt es hinsichtlich der Menge und Verteilung deutliche regionale Unterschiede. So bekommen beispielsweise die von Bergen umgebenen Ebenen im Landesinnern in der Regel weniger als 2000 mm Regen ab, während in einigen Gebirgsregionen Sarawaks jährlich über 5000 mm Regen fällt. Im Norden und Westen Borneos wird die Verteilung der Niederschläge von den südasiatischen Monsunwinden beeinflußt, die zwischen November und Februar sowie von Mai bis Juni sehr viel Regen bringen. Die sicherste Reisezeit für die meisten Teile Borneos ist zwischen Februar und April sowie im August und September. Dann ist das Risiko, in eine Regenzeit zu geraten, am geringsten und die Chance, blühende Pflanzen und reifende Früchte zu erleben, am größten.

## DIE PFLANZENWELT

Von wenigen Ausnahmen abgesehen – etwa auf steilem, felsigem Terrain oder in vom Menschen stark genutzten Gebieten – besteht die natürliche Vegetation Borneos weitestgehend aus tropischem Regenwald. Darunter stellt man sich gemeinhin ein gleichförmiges, dunkles, feuchtes Dickicht vor; in Wirklichkeit aber variiert die Art und Dichte der Vegetation stark. Hierfür sind vor allem natürliche Faktoren wie Bodenbeschaffenheit und Feuchtigkeit ausschlaggebend, doch für die einschneidendsten Veränderungen zeichnen zunehmend auch die Menschen verantwortlich.

„Primärwälder" – also Wälder, die womöglich noch nie oder schon vor sehr langer Zeit gerodet wurden – sind sehr hoch und beherbergen meist eine große Vielfalt an Pflanzenarten mit sehr unterschiedlich hohen Bäumen, von spindeldürren Schößlingen bis hin zu ausgewachsenen Baumriesen mit Stämmen von mehr als 3 m Umfang. Nur wenig Sonnenlicht durchdringt das Blätterdach der höchsten Bäume, und im grünen Halbdunkel der unteren Stockwerke, in denen ansonsten nur schattenliebende Arten gedeihen, kämpfen jüngere Bäume ums Überleben. „Sekundärwälder", die nach der Rodung oder völligen Zerstörung eines zuvor an gleicher Stelle angesiedelten Waldes entstehen, sind in der Regel niedriger. Sie sind offener und wirken weniger bedrückend, enthalten aber weniger Pflanzen- und Tierarten. In selektiv ausgeholzten Wäldern, in denen meist nur große, alte Bäume gefällt und abtransportiert werden, geben sonnenbeschienene Lichtungen kleineren Bäumen, Schößlingen und Sämlingen die Chance zu wachsen.

Selbst dort, wo der Mensch nicht eingreift, wirken sich natürliche Vorgänge wie Krankheiten, Wind, Regen und Erdrutsche auf das Gesicht des Waldes aus. Jahr für Jahr stirbt ein gewisser Prozentsatz der Bäume in Borneos Primärwäldern ab, und hin und wieder reißen Stürme größere Lücken. Dies führt zu einer recht heterogenen Vegetationsdecke: Obwohl der größte Teil des Waldes aus starken, ausgewachsenen Bäumen besteht, die zum Teil einige hundert Jahre alt sind, finden sich auch immer wieder Lücken, die von umgestürzten Bäumen gerissen wurden und in denen sich jüngere Vegetation ausbreiten kann.

Diese Unterschiede in der Vegetationsdichte der Wälder sind mitverantwortlich für die Aufrechterhaltung der Vielfalt des tierischen Lebens. Die Löcher und Spalten in riesigen, alten Bäumen dienen Flughörnchen, Stachelschweinen, Hornvögeln und Eidechsen als Schlaf- und Brutstätten; umgestürzte Bäume bieten Lebensraum für Pilze, Termiten, Käfer und andere Wirbellose, die wiederum von Spitzhörnchen und bodenlebenden Hörnchen gefressen werden, die man den ganzen Tag über im Wald umherhuschen sieht. Affen und bodenbewohnende Vögel wie Buschwachteln, Fasane und Pittas scheinen oft nachwachsende Wälder zu bevorzugen.

## Eine verborgene Welt unter Bäumen

In der Stille und Dunkelheit des Waldbodens, den kaum einmal ein Sonnenstrahl erreicht, hat sich ein kompliziertes und fein austariertes Ökosystem ausgebildet. Obwohl ein Großteil davon unsichtbar bleibt, könnten die Wälder ohne diese natürlichen Abläufe nicht existieren.

Von zentraler Bedeutung für dieses Ökosystem sind die Pilze, die überall in den Regenwäldern in großen Mengen zu finden sind und die unterschiedlichste Gestalt annehmen. Manche wachsen, zumindest während eines Teils ihres Lebenszyklus, in der charakteristischen Pilzform aus dem Boden oder aus den Stämmen umgestürzter Bäume. Oft sind sie außergewöhnlich schön und farbenprächtig: vom typischen kuppelförmig gewölbten Schirmpilz bis hin zu Formen, die komplizierten Fächern oder leuchtenden, sich verzweigenden Korallen ähneln. Von manchen geht im Dunkel der Nacht ein unheimliches Leuchten aus, während andere zwischen moderndem Laub oder gar unter der Erde gänzlich unsichtbar bleiben. Viele Pilze spielen eine entscheidende Rolle bei der Zersetzung abgestorbener Pflanzenteile und der Aufrechterhaltung der Bodenqualität; da die meisten tropischen Böden sehr flach und nährstoffarm sind, könnten die Pflanzen ohne im Boden lebende Pilze gar nicht existieren. Diese sogenannten Mykorrhizen werden von Kleintieren im Laub und in der Erde verteilt, wo sie sich, mit den Wurzelsystemen der Pflanzen verwoben, in feinen Fäden ausbreiten und dadurch in der Lage sind, ihrer Wirtspflanze Wasser und die lebensnotwendigen Mineralien mitzuliefern.

Erstaunlich ist dabei nicht nur, daß diese hochempfindliche biologische Lebenskette ein derart üppig wucherndes Pflanzenwachstum aufrechterhalten kann, sondern auch, daß die Bäume des Regenwalds nur sehr oberflächlich im Boden verankert sind. Selbst bei ausgesprochen kräftigen, fast 60 m hohen Exemplaren liegen die meisten Wurzeln überraschend knapp unter der Erdoberfläche. Dies läßt sich gut an vor kurzem umgestürzten Bäumen erkennen, die nur eine flache Mulde im Boden zurücklassen. Diese Mulden fangen das Regenwasser auf und werden so zu idealen Suhlen für Wildschweine und zu Laichplätzen im Wald lebender Frösche. Offenbar um ihrer „Kopflastigkeit" entgegenzuwirken, entwickeln zahlreiche Bäume am unteren Ende des Stamms riesige Stützwurzeln, die zu den auffälligsten Merkmalen der Regenwälder auf Borneo gehören.

## Ein botanisches Paradies

Borneo ist wie ein riesiger botanischer Garten mit einer Sammlung der seltensten, exotischsten und fruchtbarsten Pflanzen der Erde.

Am landschaftsprägendsten sind natürlich die Bäume. So hat man auf Borneo über 3000 Baumarten gezählt, und ständig werden weitere entdeckt. Ausgewachsene Exemplare mancher Arten erreichen eine Höhe von 50 bis 75 m und einen Umfang von über 3 m, auch wenn die meisten Bäume niedriger bleiben. In manchen Wäldern kann man auf nur 1 ha über 400 verschiedene Baumarten finden, die sich zwar auf den ersten Blick ähneln, sich aber in vieler Hinsicht, etwa in Struktur und Farbe von Holz und Rinde, doch voneinander unterscheiden.

Den größten Teil der Waldfläche Borneos beherrscht sowohl zahlen- als auch größenmäßig eine einzige Pflanzenfamilie, die der Dipterocarpaceen. Auch wenn die Dipterocarpaceen den Tieren kaum Nahrung liefern, sind sie doch für manche Arten im Dschungel als Fortbewegungsmittel bei der Flucht, zum Schlafen oder zum Nisten unentbehrlich. Gibbons, Eichhörnchen, Eidechsen und selbst Schlangen können mit erstaunlicher Schnelligkeit durch ihre dichten Zweige schwingen, springen oder gleiten.

Als Nahrungspflanzen für die Tiere Borneos wertvoller sind Pflanzen aus der Familie der Hülsenfrüchtler oder Leguminosen, von denen einige als große Bäume und andere als holzige Kletterpflanzen wachsen. Die meisten Bäume Borneos tragen relativ kleine, unscheinbare Blüten und harte, bittere, für Menschen ungenießbare Früchte, doch gibt es auch wilde früchtetragende Bäume, die für den Anbau geeignet sind. So kommen auf Borneo beispielsweise 24 wilde Mangoarten, 25 wilde Brotfruchtbäume und 19 wilde Durianbäume vor.

Zahlreiche Waldpflanzen nutzen Bäume als Stütze, winden sich in endlosen Spiralen an deren Stämmen hinauf oder hängen in mattenartig verflochtenen Netzen von ihren Ästen herab. Zu diesen Kletterpflanzen zählen sowohl holzige Lianen als auch die dornenbewehrten Rotangpalmen. Letztere spielen seit Jahrhunderten für das Handwerk auf dem Lande eine bedeutende Rolle: Ihre Stämme werden als Rattan zu Körben, Möbelstücken und anderen Gebrauchsgegenständen geflochten, die heute auch für den Export hergestellt werden. Eine sehr charakteristische holzige Pflanze, weder Baum noch Kletterpflanze, ist auch die Würgerfeige. Ihre Samen geraten durch die Ausscheidungen eines Vogels oder Säugetiers auf den Ast eines Baumes. Im Verlauf seines Wachstums umschließt der Würger dann seine Wirtspflanze mit so dichten Girlanden von Luftwurzeln, daß er sie häufig regelrecht stranguliert. Die Früchte und die Blattschößlinge der Würgerfeigen bieten zahlreichen Tieren des Waldes Nahrung.

Von allen Pflanzen Borneos sind die Orchideen nicht nur die bekanntesten, sondern auch die artenreichsten. Über 2500 Arten in den unterschiedlichsten Farben und Formen wurden bislang registriert, und die Liste ist noch lange nicht vollständig. Einige Arten wachsen auf dem Boden, die meisten jedoch als Epiphyten auf der Oberfläche anderer Pflanzen, in der Regel auf Bäumen. Manche der schönsten Orchideen gehören auch zu den seltensten und sind infolge ihrer Begehrtheit auf dem Weltmarkt und des Rückgangs ihres Lebensraums, des Regenwalds, ernsthaft vom Aussterben bedroht. Die beste Gegend zum Beobachten von Orchideen ist die um die Gunung Kinabalu, wenngleich die zarten Orchideenblüten im Regenwald leicht zu übersehen sind. Weit bequemer können Besucher die Tieflandorchideen Borneos in der Tenom Agricultural Research Station in Sabah bewundern, wo auch seltene Arten gezüchtet werden, um sie vor dem Aussterben zu bewahren.

Zu den anderen Epiphyten in den Wäldern zählen Farne und, inmitten der üppigen Vegetation in den schattigen Bereichen des Waldbodens, verschiedene krautige Pflanzen, deren Schönheit sich erst bei genauerem Hinsehen erschließt. Unter ihnen bestechen die Mitglieder der Aronstabgewächse, die mit ihren schönen, fleischigen, herzförmigen Blättern durchaus für die Züchtung als Zierpflanzen geeignet wären. Die Aufmerksamkeit der Botaniker gilt auch den Ingwergewächsen. Auf Borneo wurden bereits über 160 Arten beschrieben, von denen viele möglicherweise nicht nur als Zierpflanzen, sondern auch für die Herstellung von Arzneien, Chemikalien und Aromastoffen geeignet sind.

In Wäldern mit extrem nährstoffarmen Böden, vor allem in höher gelegenen Gegenden, finden sich die einzigartigen Kannenpflanzen. Der Hauptteil dieser merkwürdigen Pflanze – eigentlich eine modifizierte Blattspitze – ist wie ein verzierter Becher geformt und mit Flüssigkeit gefüllt; er wird zur tödlichen Falle für Insekten, die von der Pflanze anschließend verdaut werden.

Die Vielfalt der Flora im Regenwald Borneos stellt einen Wert dar, der in Geld kaum auszudrücken ist. Während Handelsgüter wie Holz

und Rattan zu den wichtigsten Wirtschaftsprodukten der Insel gehören, erreichen zahlreiche wild wachsende Früchte, Orchideen und andere Zier- und Heilpflanzen nie die Märkte der Welt; ihr wirtschaftliches Potential liegt eher in den Möglichkeiten einer zukünftigen Kultivierung als in ihrem gegenwärtigen Gebrauchswert. Ebenso wichtig, aber nicht in Zahlen auszudrücken ist die Tatsache, daß die Pflanzen des Waldes in ihrem Zusammenwirken die Bodenqualität sichern und natürliche Erosionsprozesse bremsen. Die vielleicht größte Bedeutung der tropischen Regenwälder mit ihrer unglaublichen Vielfalt an genetischem Material, chemischen Verbindungen und komplexen Ökosystemen liegt in ihrer Rolle als umfangreiche Naturbibliothek und als Forschungslabor. Zudem trägt der Regenwald dazu bei, die Atmosphäre stabil zu halten, indem er Kohlendioxid absorbiert und Sauerstoff freisetzt. Auf lokaler Ebene unterstützt der Wald den Wasserkreislauf, indem er Grundwasser speichert und Wasserdampf freisetzt, der die Wolkenbildung fördert und Regen erzeugt.

## Eine Vielfalt an Lebensräumen

Zwischen den Küsten und dem Hochland verändert die Landschaft Borneos gleich mehrfach ihren Charakter. Sümpfe gehen in Schwemmlandebenen über, riesige Regenwälder bedecken die Berghänge, und, wo diese steiler werden, lichtet sich das Blätterdach immer mehr, bis nur noch moosüberzogene Büsche am Fuß der Felsgipfel übrigbleiben. Diese Zonen unterscheiden sich durch ihre Boden- und Vegetationsarten sowie durch ihre Fauna voneinander.

### Die Küstenzone
Der größte Teil von Borneos Küste besteht entweder aus Sandstränden oder aus Sümpfen; Klippen und felsige Küsten sind relativ selten. Eine besonders typische und leicht zugängliche, unter Naturschutz stehende Felsküste ist die des ausnehmend schönen Bako National Park unweit von Kuching in Sarawak, die eine erstaunliche Bandbreite an Lebensräumen umfaßt.

An kahlen Sandstränden, die der salzigen Gischt und der unbarmherzigen Hitze der Tropensonne auf Meereshöhe ausgesetzt sind, können sich nur wenige Baumarten ansiedeln. Eine davon ist der schöne Arubaum, der auf den ersten Blick einer Konifere ähnelt und neben seiner schattenspendenden Wirkung auch dazu beiträgt, die vom Meer angeschwemmten Küstenabschnitte zu stabilisieren. An stabilen und

erodierenden sandigen Küsten besteht die natürliche Vegetation aus dichtem, natürlichem Baumbewuchs, in dem häufig ein weiterer sehr schöner Baum, der Putat Laut, dominiert. Oberhalb der Strände wächst zwischen den Dünen oft der zähe, faserige Schraubenbaum. Die Fasern seiner langen, dicken Blätter werden zur Herstellung von Matten, Säcken und Körben verwendet. Beispiele unter Naturschutz stehender Sandstrandvegetation finden sich in allen Naturparks auf den Inseln vor Sabah sowie im Similajau National Park in Sarawak.

Einige Sandstrände in Teilen Borneos und auf küstennahen Inseln sind Eiablageplätze von Meeresschildkröten. Vor allem zwei Arten – die Suppen- und die Echte Karettschildkröte – kommen während der Nacht ans Land, wo sie mit ihren Paddeln Löcher graben, in die sie jeweils etwa 80 Eier legen. Über Generationen hinweg haben Menschen diese Eier gesammelt; dies und die insgesamt stärkere Nutzung der Küsten durch den Menschen hat zu einem deutlichen Rückgang der Zahl dieser Schildkröten geführt. Die bedeutendsten Strandabschnitte, an denen Meeresschildkröten ihre Eier ablegen, befinden sich auf einigen Inseln vor der Nordostküste Borneos. Auf kleinen sandigen Inseln vor Sabah lebt auch das seltene Großfußhuhn – ein Vogel, der seine Eier in Hügel aus Sand und verrottenden Pflanzenteilen legt und das Ausbrüten der natürlichen Wärme ihrer Umgebung überläßt.

An sumpfigen Küstenabschnitten, die häufig von Meerwasser überschwemmt werden, gedeihen Mangrovenwälder. Diese sind von allen tropischen Wäldern mit die jüngsten, weil sie in einer Zone wachsen, die sich langsam, aber beständig verändert. Bereits kleinere Veränderungen des Meeresspiegels oder der Ablagerung von Sedimenten können beispielsweise dazu führen, daß Mangrovenwälder an einer Stelle absterben, während anderswo neue entstehen. In dieser feuchten, wässerigen Umgebung gedeihen nur wenige Arten von Bäumen, die besonders gut an die ständigen Veränderungen ihres Lebensraums angepaßt sind. Viele von ihnen haben eigentümliche Luftwurzeln, die entweder wie gebogene Stelzen aus dem Stamm oder wie Nägel aus dem Schlamm nach oben wachsen. Diese Vorrichtungen mögen auch als Stützen dienen, doch vermutet man, daß ihre Hauptfunktion darin besteht, den Wurzeln des Baumes in der ansonsten luftarmen Umgebung der von Wasser gesättigten Sümpfe die Absorption und Freisetzung von Gasen zu ermöglichen.

Die auf den ersten Blick so unwirtlich wirken-

den Mangrovenwälder beherbergen zahlreiche Formen tierischen Lebens. Besonders typische und häufig anzutreffende Bewohner sind die Winkerkrabben und die seltsamen Schlammspringer – Fische, die mit Hilfe ihrer Vorderflossen über die Oberfläche der Sümpfe und von dort auf die unteren Äste der Bäume springen. In manchen Gegenden versammeln sich nachts Leuchtkäfer auf den Bäumen, wo sie simultane Lichtblitze aussenden, und in den trüben Gewässern finden zahlreiche Fisch- und Garnelenarten Nahrung und Unterschlupf.

Das harte Mangrovenholz wird für die Stützpfähle von Häusern verwendet, die über der Wasseroberfläche gebaut werden, sowie zum Bau von Fischreusen, als Brennholz und für die Herstellung von Holzkohle. Die Rinde einiger Mangrovenarten ist reich an Tannin, das in Borneo im späten 19. und frühen 20. Jahrhundert in großen Mengen gewonnen und als Gerbstoff exportiert wurde – zu einer Zeit, als weltweit noch eine große Nachfrage nach Leder sowie Seilen und Schnüren aus Naturfasern bestand.

Die Mangrovenwälder Borneos sind größtenteils gesund; nur in einigen Gegenden sind sie durch intensive Abholzung, Umwandlung in Fischteiche oder die abschätzige Einstufung als nutzloses Land, das allenfalls zum Aufschütten oder als Abfalldeponie taugt, gefährdet. Kleinere Beispiele für Mangrovenwälder sind bereits auf einer Wanderung durch den Tunku Abdul Rahman Park in Sabah oder den Bako National Park in Sarawak zu besichtigen, doch erst eine Bootsfahrt durch ausgedehnte Mangrovenwälder – etwa in der Brunei Bay oder östlich von Sandakan in Sabah – vermittelt die wahre Atmosphäre dieses Lebensraums.

Wo sich das Meerwasser mit dem Süßwasser vermischt, das die Flüsse durch die Sümpfe heranschaffen, wachsen Bestände von Nipapalmen. Diese aus einer wuchtigen, stammlosen Rosette von Blattwedeln bestehende Palme wächst in großer Zahl an Flußufern in Küstennähe sowie zwischen Mangroven- und Inlandssümpfen. Ihre Blätter wurden – und werden teilweise noch immer – in Borneos Küstengebieten zum Decken von Dächern verwendet. Solche Dächer, die *Atap,* halten mindestens zwei Jahre, bevor sie erneuert werden müssen. In vielen Fischerdörfern werden auch die Hauswände traditionell aus Blättern der Nipapalme gefertigt. Die Außenhaut junger Blätter wird ferner abgeschält und zu Zigarettenpapier geschnitten, das in kleinen Bündeln auf den Dorfmärkten verkauft wird und zum Einwickeln von Eigenbau-Tabak dient. Die jungen Samen der Nipapalme werden mancherorts von den Küstenbewohnern gesammelt; gekocht ergeben sie ein wohlschmeckend nußartiges Gericht. Die Kerne unreifer Nipasamen werden als Knabberzeug verzehrt.

*Markttag in Tuaran, Sabah, um 1915. Dieser traditionelle Markt wird noch heute in der kleinen Küstenstadt abgehalten.*

Wenn sich auf einer Nipapalme Blüten bilden, fließt durch den Blütenstengel ein süßer Saft, aus dem sirupartiger Zucker, alkoholische Getränke oder Essig gewonnen wird. 1924 errichtete die Regierung von Nordborneo (heute Sabah) bei Sandakan ein Werk zur Herstellung eines Fahrzeugtreibstoffs auf Alkoholbasis aus dem Saft. Sowohl das Werk als auch die Autos von Sandakan funktionierten zwei Jahre lang einwandfrei, bis die hohen Produktionskosten zur Schließung der Fabrik führten.

Eine weitere typische Palme der Küstenzone ist die Nibong, deren 20 m hoher Stamm mit unzähligen harten, schwarzen Stacheln bewehrt ist. Sie sieht ganz anders aus als die Nipapalme; ihr harter Stamm, der sowohl im Meer lebenden, holzbohrenden Raupen als auch Termiten widersteht, wird für große Fischreusen sehr geschätzt und, der Länge nach in Streifen gespalten, auch für die Fußböden der Häuser verwendet.

### Sumpfwälder

Wo breite Flüsse sich durch Überschwemmungsgebiete schlängeln, bevor sie die Mangrovenwälder erreichen, finden sich häufig weite

Gebiete flachen Schwemmlands, das teilweise unterhalb des Flußufers liegt und deshalb periodisch von Süßwasser überflutet wird oder sich voll Wasser saugt. Die Fruchtbarkeit dieses Landes gewährleisten die Sedimentschichten, die nach den Überschwemmungen zurückbleiben, so daß sich hier Süßwassersumpfwälder entwickeln können. Ob letzteres geschieht, hängt von der Häufigkeit der Überschwemmungen und dem Grad der Sättigung mit Wasser ab. Normalerweise führt ein stärker vollgesogener Boden zu niedrigerem Baumbewuchs und allgemein spärlicherer Vegetation: In den feuchteren Gebieten dominieren dornige, scharfkantige grasartige Schraubenbaumgewächse, die leicht zu Verletzungen führen können. In sehr tief gelegenen Gebieten können Bäume oft gar nicht überleben, so daß permanente Sümpfe mit dichten Seggen und offenem Wasser an ihre Stelle treten. Dort, wo Süßwassersümpfe entwässert oder vor verheerenden Überschwemmungen geschützt werden können, sind sie für bestimmte Arten von Landwirtschaft – etwa den Anbau von Sumpfreis und Ölpalmen – sehr gut geeignet; aus diesem Grund gibt es in ganz Südostasien nur noch wenige Süßwassersumpfwälder, von denen sich viele im Osten Borneos befinden.

Dieser Lebensraum ist meist arm an Pflanzenarten, doch leben in ihm und den angrenzenden Trockenwäldern einige der dichtesten Populationen großer Tierarten auf Borneo, darunter sämtliche Affenarten, alle Hornvögel sowie, im Nordosten der Insel, Elefanten. Kein Naturliebhaber sollte die beinahe sicheren Möglichkeiten zur Tierbeobachtung versäumen, die sich in Süßwassersumpfwäldern ergeben; eine optimale Gelegenheit hierzu bietet beispielsweise eine Bootsfahrt am Unterlauf des Kinabatangan im Osten Sabahs.

Ein ganz anderes Gesicht als die Süßwassersumpfwälder zeigen die Torfsumpfwälder. Auf Borneo entwickeln sie sich vor allem in den westlichen Gebieten, wo sich Mangrovenwaldzonen zum Meer hin verlagern, infolge eines sinkenden Meeresspiegels oder aufgrund der Ablagerung großer Sedimentmengen vor der Küste durch Flüsse, die aus regenreichen Bergketten kommen. Im Zuge dieser Verschiebung der Mangrovenwaldzone bleiben Gebiete mit salzigem, schwefelreichem und saurem Schlamm zurück, in denen praktisch kein Leben gedeihen kann. Pflanzen, die diese unwirtliche Zone besiedeln, sterben ausnahmslos ab, ohne jedoch zu verrotten. Wenn dann die Schicht toter Vegetation eine bestimmte Dicke erreicht hat, ändern sich

die Bedingungen, so daß bestimmte Pflanzenarten sich ansiedeln können. Da die Überschwemmungen mit ihrem hohen Sedimentgehalt die Torfsümpfe nicht erreichen, ist deren Boden noch immer sehr unfruchtbar; dennoch wachsen darauf überraschenderweise beachtliche Bestände kommerziell nutzbarer Bäume, was dazu geführt hat, daß viele Torfwälder im Lauf der Jahre weitgehend zerstört wurden. Die Torfwälder auf Borneo sind nicht leicht zugänglich; wer die Mühe nicht scheut, findet jedoch Beispiele dieser Vegetationszone im Westen Bruneis, bei Loagan Bunut in Sarawak, am Sentarum Lake und bei Mandor in Westkalimantan sowie bei Tanjung Puting in Zentralkalimantan.

### Flußnahe Wälder und Seen

Die Ufer der Flüsse Borneos sind mit Bäumen gesäumt, mit Ausnahme der Stellen, wo sich der Boden erst vor kurzem durch Sedimentablagerung gebildet hat oder sich Menschen angesiedelt haben. Im Tiefland, wo breite Flüsse langsam, aber ständig ihren Lauf ändern, findet sich immer eine Zone fruchtbaren Schwemmlandbodens. Solange der Boden von Überflutung verschont bleibt, wachsen in dieser Zone zahlreiche Arten nützlicher Bäume. Mitunter findet man an den Flußufern ganze Ansammlungen teilweise recht alter früchtetragender Bäume, insbesondere verschiedene Arten von Durianbäumen und Mangos.

Flußnahe Wälder des Tieflands, die nicht besiedelt worden sind, weisen zwar wenige Baumarten auf, sind jedoch hervorragend zum Beobachten von Tieren geeignet. Unter den Vögeln, die man hier häufig antrifft, sind Reiher, Eisvögel, Hornvögel, Greifvögel und Schlangenhalsvögel, die sich von Fischen ernähren und dem Kormoran sehr ähnlich sehen. Eines der interessantesten Säugetiere ist der einzigartige Nasenaffe, der nur auf Borneo und auch hier fast ausschließlich in einigen wenigen flußnahen Wäldern und Mangrovenwäldern lebt. Das Männchen dieser seltenen Affenart zeichnet sich durch eine riesige, hängende Nase aus, während das Weibchen nur eine kleine Stumpfnase aufweist. In den Flüssen des Tieflands in vielen Teilen Borneos leben Krokodile, und im Unterlauf des Mahakam in Ostkalimantan gibt es sogar eine vom Aussterben bedrohte Art eines Süßwasserdelphins, den Iriwadi-Delphin.

Dort, wo die Flußufer im Landesinnern oberhalb der Schwemmlandebene allmählich felsiger und steiler werden, sind sie von anderen Baumarten gesäumt. Von besonderer Schönheit sind

die großen, dunklen Ensuraibäume mit ihren länglichen Blättern, die sich über manche Flüsse wölben und von Epiphyten bewachsen sind.

Im Gegensatz zu immer mehr Flüssen auf dem asiatischen Festland, deren Ufer weitgehend gerodet worden sind und deren Wasser zur Versorgung von Städten, Industriegebieten und landwirtschaftlichen Pflanzungen genutzt wird, sind die meisten Flüsse Borneos noch in gutem Zustand. Von wenigen Ausnahmen abgesehen, sind die einzigen Stoffe, die Borneos Flüsse verschmutzen, die aus der Bodenerosion entstandenen Sedimente. Meist gehen sie auf natürliche Erosionsprozesse zurück; in den vergangenen Jahren sind die Sedimentkonzentrationen jedoch infolge der Abholzung von Wäldern und der Umwandlung von Wald in landwirtschaftlich genutzte Flächen merklich angestiegen. Bisherigen Untersuchungen zufolge sind die Populationen von Süßwasserfischen in den meisten Flüssen Borneos jedoch noch immer gesund und vermehrungsfreudig.

Wie die Flüsse des Tieflands ziehen auch die natürlichen Süßwasserseen Borneos schon seit langer Zeit Menschen an. Dennoch wurden sie nie übermäßig intensiv wirtschaftlich genutzt, und so geraten erst jetzt einige dieser Seen durch Abholzung, Umwandlung von Wald in Pflanzungen und neue Siedlungen in der Umgebung ökologisch in Bedrängnis. Zu den für Touristen relativ leicht erreichbaren Seen Borneos zählen der Jempang-, der Melintang- und der Semayang-See am Unterlauf des Mahakam in Ostkalimantan und die U-förmigen Seen nahe dem Unterlauf des Kinabatangan in Sabah. Beide Gebiete sind von historischer Bedeutung: Am Unterlauf des Mahakam lag das hinduistische Königreich Mulawarman, das erste bekannte Königreich Borneos, und bis ins 19. Jahrhundert blieb diese Gegend eines der wichtigsten politischen und wirtschaftlichen Zentren der Ostküste. Am Kinabatangan wiederum kam es erstmals im Osten Borneos zu historisch bezeugten Kontakten mit Chinesen, und bis ins 19. Jahrhundert war die Region für den Handel mit Erzeugnissen des Waldes von einiger Bedeutung. Noch heute sind diese Seen ein wahres Paradies für Naturliebhaber, die dort mit ein wenig Glück so seltene Tierarten wie den Haarnasenotter, die Flachkopfkatze, einen nachtaktiven Fischfresser, den Schlangenhalsvogel und den Höckerstorch zu Gesicht bekommen. Die Gegend am Unterlauf des Mahakam ist mit ihrem Gemisch aus verschiedenen Volksgruppen und deren jeweiligen Sitten und Gebräuchen auch kulturgeschichtlich interessant. Ebenfalls einen Besuch wert sind die Seen Loagan Bunut in Sarawak, Tasek Merimbun in Brunei sowie Sentarum und Sumpa am Oberlauf des Kapuas-Flusses in Westkalimantan.

## Dipterocarpaceen-Wälder

Diese Wälder bedeckten einst den größten Teil Borneos und sind noch heute, trotz aller Rodungen und Waldbrände, weit verbreitet. Sie wachsen in den meisten noch unberührten, gut entwässerten Gebieten von knapp oberhalb des Meeresspiegels bis in Höhen von etwa 1000 m. Die obere Grenze ihrer Verbreitung variiert; in kleinen, küstennahen Gebirgen liegt sie niedriger, auf hohen Bergen wie dem Kinabalu höher.

Auf Borneo gibt es über 270 Arten von Dipterocarpaceen, von denen viele über 50 m hoch werden können; sie liefern den Löwenanteil des Holzes aus Borneo. Ihre Früchte bestehen aus einem relativ harten, öligen Samen, der bei den meisten Arten zwei oder mehr Flügel hat. Sie bilden sich sehr selten aus (im Schnitt etwa ein- bis zweimal in zehn Jahren); kommt es jedoch zur Fruchtbildung, so geschieht dies gleichzeitig bei den meisten Dipterocarpaceen eines bestimmten Gebiets und in der Regel auch zeitgleich mit vielen anderen Bäumen des Regenwalds. Dann scheint der Wald voller Früchte in allen Formen und Größen, die teils noch in den Bäumen hängen, teils den Waldboden bedecken. Doch selbst in den besten Jahren tragen nicht einmal 10 Prozent aller Bäume Früchte.

Echte Tiefland-Dipterocarpaceen-Wälder weisen – auf leicht abfallendem Gelände in weniger als 150 m über NN – häufig einen relativ hohen Prozentsatz an Bäumen aus der Familie der Leguminosen sowie riesige Würgerfeigen auf. In diesen Wäldern lebten vor Beginn der extensiven Abholzung in den vergangenen Jahrzehnten zahlreiche große Säugetiere und Vögel. Heute gibt es keine ausgedehnten Gebiete unberührter Tiefland-Dipterocarpaceen-Wälder mehr, doch kann man auf geschützten Flächen wie im Gunung Palung Nature Reserve (Westkalimantan), im Kutai National Park (Ostkalimantan), im Niah National Park (Sarawak) und in der Danum Valley Conservation Area (Sabah) noch schöne Beispiele dieser Art von Regenwald antreffen.

Eine der häufigsten Baumarten in manchen Tiefland-Dipterocarpaceen-Wäldern gehört zur Familie der Lorbeergewächse. Es ist dies das Borneo-Eisenholz oder Belian, dessen Holz sich durch außergewöhnliche Dichte und Haltbarkeit auszeichnet und selbst in der feuchten Tropenluft unbehandelt einige Jahrzehnte überdauert. Wegen dieser Eigenschaft ist es für den Bau von Brücken sowie die Herstellung von Zaunpfählen, Dachschindeln und Stützpfeilern traditioneller Häuser sehr begehrt. Einer der am besten zugänglichen Eisenholzwälder liegt im Sepilok Forest Reserve im Osten Sabahs. Es ist schon beeindruckend zu wissen, daß die erste kleine Fußgängerbrücke, die man nach dem Eingang des Schutzgebiets auf dem Weg zu den Mangroven überquert, der langsam verwitternde Stamm eines Eisenholzbaums ist, der schon vor der Ankunft der ersten Europäer sein Leben als Keimling begonnen haben dürfte.

Niedrig gelegene, aber zerklüftete oder steil ansteigende Hügel im Tiefland Borneos sind oft mit einer eigenen Art von Dipterocarpaceen-Wald bedeckt, der aus zahlreichen relativ niedrigen Bäumen und uneinheitlichem Bodenbewuchs besteht und ein recht spärliches tierisches Leben aufweist. Einige dieser hügeligen Waldgebiete, wie etwa der Lambir Hills National Park in Sarawak, zeichnen sich durch einen großen pflanzlichen Artenreichtum aus. Andere Dipterocarpaceen-Wälder – besonders auf grobsandigen Böden an weniger steilen Hängen – beherbergen die aromatischen Kapurbäume, aus denen einst Kampfer gewonnen wurde.

In Höhen von 150 bis 600 m weisen die Dipterocarpaceen-Wälder in einigen Teilen Borneos ein vielfältigeres pflanzliches Leben auf als im extremen Tiefland sowie reiche Bestände an mächtigen Nutzholzbäumen und eine Reihe wilder früchtetragender Baumarten. In Regionen, wo nicht allzu viele Stammesgemeinschaften jagen, hallen diese Wälder an sonnigen Morgen nach einer Regenperiode von den geheimnisvollen Rufen von Gibbons, Argusfasanen und Hornvögeln wider.

Von etwa 500 m bis zur Obergrenze der Dipterocarpaceen-Wälder kann man mit etwas Glück eine von mehreren Arten der bemerkenswerten parasitischen Riesenblume (Rafflesia) finden, die die größten Blüten der Welt hervorbringt. Jede ihrer Blüten ist entweder weiblich oder männlich. Die ursprünglich kleine Knospe wird allmählich dicker, bis sich die gewaltige rötliche oder orangefarbene Blüte mit ihrem Durchmesser von bis zu knapp einem Meter öffnet. Ihr schwacher – für Menschen unangenehmer – Geruch zieht Insekten an, die als Bestäuber fungieren. Die weibliche Blüte überdauert nur wenige Tage, bevor sie zu welken beginnt und sich schließlich in eine seltsame, schwärzliche Frucht voll winziger Samen verwandelt. Die Riesenblume hat weder Stamm noch Blätter und lebt von den Nährstoffen, die sie aus der Wurzel oder dem Stamm ihrer Wirtspflanze bezieht – einer holzigen Kletterpflanze, die mit der kultivierten Weinrebe verwandt ist. Gute Chancen, auf eine Riesenblume zu stoßen, bestehen im Rafflesia Virgin Jungle Reserve am südöstlichen Rand des Kinabalu Park (Sabah) sowie im Gunung Gading National Park (Sarawak).

Mit zunehmender Höhe wird das Land immer steiler und felsiger, bis die Kämme scharf wie Rasiermesser scheinen, und auch der Wald verändert sich. Die Geräusche nehmen ab und wandeln sich, da einige Vögel und Insekten des Tieflands nicht bis hierher vordringen und gleichzeitig bergbewohnende Arten hinzukommen. Weit von jeder menschlichen Siedlung entfernt, hält sich der Besucher nach Möglichkeit an die Fußpfade auf den Bergkämmen, und mitunter beschleicht ihn ein unheimliches Gefühl, wenn starke Winde und Regenwolken über ihn hinwegziehen und eine gespenstische Stille zurücklassen, die von keinem Tier mehr gestört wird.

## Heidewälder

Einige besonders unfruchtbare Gebiete Borneos bestehen aus reinem, weißem Sand oder hellen, stark kieselerdehaltigen Böden auf flachem oder leicht geneigtem Terrain, wo schwere Regenfälle über lange Zeiträume praktisch alle Nährstoffe ausgewaschen haben. Die Oberfläche dieser Böden besteht meist aus einer dünnen Schicht schwärzlicher, langsam verwitternder Biomasse. Der niedrige Wald, der auf diesen sogenannten Podsolenböden wächst, wird Heidewald oder, auf Iban, Kerangas genannt – ein Ausdruck für Gebiete, in denen kein Reisanbau möglich ist. Häufig findet sich etwa einen Meter unter der Erdoberfläche eine eisenhaltige, harte Schicht. Bei schweren Niederschlägen kann das Wasser durch diese Schicht schlecht versickern, so daß sich die Erde über ihr vollsaugt. In Trockenperioden hingegen trocknet die obere Erdschicht stark aus, was die Heidewälder sehr anfällig gegen Waldbrände macht.

Heidewälder bestehen aus zahlreichen dicht an dicht stehenden kleinen Bäumen mit dicken, oft rötlichen Blättern sowie verschiedenen merkwürdigen Pflanzen, die enge Beziehungen zu Insekten unterhalten – Beziehungen, die für letztere mitunter tödlich sind. Sehr häufig sind Kannenpflanzen und zahlreiche Epiphyten, die mit Ameisen eine für beide Seiten nützliche Lebensgemeinschaft eingehen. Die Urnenpflanze beispielsweise hat sehr dicke Blätter, die sich wie ein Mantel um die Äste von Bäumen legen und ganzen Kolonien von Ameisen Schutz bieten, während die Ameisenknolle in ihrem verdickten Stamm Ameisen beherbergt. Diese wiederum versorgen die Pflanze mit Nährstoffen.

Heidewälder wachsen oft in Küstennähe, doch aufgrund zufälliger Faktoren in der geologischen Geschichte Borneos können flache Gebiete mit entsprechendem Muttergestein überall die geeigneten Voraussetzungen aufweisen. Heidewälder finden sich beispielsweise in mehr als 900 m im Maliau-Becken Zentralsabahs und auf dem Usun-Apau-Plateau in Sarawak.

In den Küstenebenen West- und Südborneos haben sich auf Böden, in denen sich Eigenschaften von Torf- und Podsolenböden miteinander verbinden, verschiedene heideähnliche Waldtypen entwickelt. Der Wuchs dieser *Kerapah*-Wälder, wie sie mitunter genannt werden, ist von Ort zu Ort sehr unterschiedlich, aber in jedem Fall bedeutend höher als der von Heidewäldern. Anders als diese weisen einige *Kerapah*-Wälder wertvolle Nutzholzbäume auf. Der Dyera, eine Apocyanacee, beispielsweise wurde Anfang dieses Jahrhunderts zur Gewinnung eines Milchsafts angezapft, der bei der Kaugummiherstellung Verwendung fand. Eine weitere Pflanze dieser Wälder ist die rotstämmige Siegellackpalme, die mittlerweile in den Städten Borneos zur beliebten Zierpflanze geworden ist.

### Ultrabasische Wälder

Verstreut in einem Bogen vom nördlichen bis zum südöstlichen Sabah liegen eine Reihe teilweise über 1200 m hoher Felsformationen und Berge aus ultrabasischem Gestein, das aus den Sedimentschichten herausragt, welche den größten Teil der Insel bedecken. Ultrabasisches Gestein ist insofern ungewöhnlich, als es eine relativ niedrige Konzentration des Minerals Quarz enthält, das den Hauptbestandteil der meisten Gesteinsarten bildet, dafür aber hohe Konzentrationen von Metallen wie Eisen, Mangan, Chrom und Nickel. Die Vegetation auf ultrabasischen Böden kann stark variieren, ist aber immer anders als die auf anderen Bodenarten der Umgebung. Ultrabasischer Wald ist niedriger und weist, verglichen beispielsweise mit angrenzenden Dipterocarpaceen-Wäldern, ein ebenes, dichtes Blätterdach auf; zudem wachsen in dieser Art von Wald Rotangpalmem, aber nur wenige holzige Kletterpflanzen. Manche Pflanzenarten, darunter auch seltene Orchideen, scheinen überhaupt nur in ultrabasischen Gebieten vorzukommen. Neben einer ultrabasischen Zone

am Gunung Kinabalu finden sich weitere Beispiele bei Ranau, bei Telupid sowie bei Silam in der Nähe von Lahad Datu in Sabah.

### Kalksteinlandschaften

In verschiedenen Teilen Borneos tritt Kalkstein zutage. Weitläufige Gebiete dieser Art auf der Halbinsel Sangkulirang in Ostkalimantan sind noch größtenteils unerforscht. Einige der spektakulärsten Kalksteinlandschaften der Welt mit zahlreichen Höhlen, engen Schluchten und steilen Felsnadeln finden sich im Gunung Mulu National Park in Sarawak, touristisch erschlossene Kalksteinhöhlen auch in Niah (Sarawak) sowie Gomantong und Batu Punggul (Sabah). Viele der Höhlen Borneos waren von prähistorischen Menschen bewohnt, und einige zählen aufgrund der darin gefundenen jahrtausendealten Werkzeuge, Schmuckstücke und Grabbeigaben zu den bedeutendsten archäologischen Stätten der Insel. In mehreren Kalksteinhöhlen am Unterlauf des Kinabatangan in Sabah sind Überreste einige Jahrhunderte alter Särge zu besichtigen.

In fast allen Kalksteinhöhlen Borneos trifft man auf Nistplätze von Fledermäusen und Salanganen – Vögeln, von denen einige Arten eßbare Nester bauen. Vor den Höhlen gedeihen auf dem Kalkstein ungewöhnliche Pflanzengemeinschaften mit vielen seltenen Arten, darunter so attraktive Zierpflanzen wie Begonien.

### Bergwälder

Auf Borneo zieht sich der Wald weit über die Obergrenze der Dipterocarpaceen-Zone hinaus bis auf über 3300 m Höhe (auf dem Gunung Kinabalu) hinauf. Mit zunehmender Höhe ändert sich die Zusammensetzung der Flora. In den Bergwäldern gibt es keine sehr hohen Bäume und nur wenige Kletterpflanzen, und je größer die Höhe, desto niedriger ist das Blätterdach des Waldes. Auch die Tierarten sind andere als in den Dipterocarpaceen-Wäldern; verschiedene Arten von Hörnchen, Spitzhörnchen und Ratten etwa finden sich ausschließlich in Bergwäldern. Am offensichtlichsten sind die Unterschiede zur Fauna des Tieflands jedoch bei den Vögeln. Zu den bekannteren Vogelarten der Berge gehören die lärmenden Häherlinge, die gruppenweise durch den Wald jagen, und die graugetönte, leicht ins Orangene spielende Malaienbaumelster mit ihrem seltsamen harten, glockenartigen Ruf. In größeren Höhen, wo das Blätterdach am niedrigsten ist, kann man sich kleinen Vögeln wie Grasmücken bis auf kurze Entfernung nähern. Mit zunehmender Höhe wird der Wald immer

stiller, da die Zahl der Tiere, vor allem der Insekten, immer mehr abnimmt. Dort, wo der Dipterocarpaceen-Wald in Bergwald übergeht, finden sich oft zahlreiche zapfentragende Bäume (Verwandte der Kiefer). In dieser Zone lebt in manchen Gegenden einer der auffälligsten, aber auch scheusten Vögel Borneos, der Bulwerfasan.

Während die Dipterocarpaceen mit zunehmender Höhe seltener werden, beherrschen immer mehr Bäume der Eichen- und Lorbeergewächse das Bild des Waldes. Auch so attraktive Pflanzen wie Rhododendren und Kannenpflanzen, die im Tiefland selten oder nie anzutreffen sind, treten hier vermehrt auf. Schließlich aber verschwinden auch diese, und der Wald geht in moosbehangenes Buschwerk über.

Obwohl nur etwa 7 Prozent Borneos von Bergwäldern bedeckt sind, kommt diesen eine überdurchschnittlich hohe Bedeutung für das ökologische Gleichgewicht der ganzen Insel zu. So regnet es in den Bergen beispielsweise weit mehr als im Tiefland; die dichte, kühle Vegetation entzieht vorbeiziehenden Wolken Wasser, das sie in Moos und anderen Epiphyten speichert, und reguliert so den Wasserhaushalt der Insel. Bergwälder weisen auch zahlreiche seltene, nur hier vorkommende Arten auf. Langfristig wird infolge der Abholzung weiter Teile der Tieflandwälder der prozentuale Anteil der Bergwälder an der gesamten Waldfläche zunehmen.

### Gefährdete Lebensräume

Jahr um Jahr geht auch auf Borneo die unberührte Natur immer mehr zurück. Kaum ein Vegetations- oder Lebensraum in der Nähe einer Straße ist noch ganz im natürlichen Zustand erhalten, sieht man von speziellen Schutzgebieten einmal ab. Bei näherem Hinsehen stellen sich die Bäume an der Straße oft als Randbewuchs von Obstgärten oder Plantagen (etwa Kautschuk) oder schlicht als Buschwerk heraus. Um Kota Kinabalu beispielsweise besteht ein Großteil der Bäume an der Straße aus drei Arten sehr zäher, sich aus sich selbst fortpflanzender Akazien, die aus dem australasischen Raum eingeführt wurden. Selbst abseits der Straßen haben sich manche Gebiete durch landwirtschaftliche Nutzung und Waldbrände bereits drastisch verändert. Folgen mehrere Brände aufeinander, so verschwinden schließlich fast alle Bäume und lassen eine offene Landschaft zurück, die mit grobem, extrem widerstandsfähigem Lallanggras bewachsen ist. In diesem Stadium wird das Land in der Regel als unbrauchbar eingestuft und nicht mehr genutzt, obwohl seit etwa zehn

Jahren mit Lallanggras bewachsene Flächen in mehreren Teilen Borneos mit widerstandsfähigen Baumarten zur kommerziellen Nutzung bepflanzt werden. In Südkalimantan haben Bauern sogar den Beweis erbracht, daß selbst auf derart minderwertigem Grasland Bergreis angebaut werden kann, wenn man es umpflügt.

Bis vor kurzem fanden Sekundärwälder und abgeholzte Wälder lediglich bei lokalen Gruppen Beachtung, die ein unmittelbares Interesse an bestimmten Gebieten haben. Erst in den vergangenen rund zehn Jahren haben Biologen die Vielfalt an Lebensformen in diesen Wäldern entdeckt. Und je mehr man sich der Tatsache bewußt wird, daß irgendwann die meisten Wälder Borneos abgeholzt oder weite Flächen nur noch mit Sekundärvegetation bestanden sein werden, desto intensiver beschäftigen sich Naturschützer mit der Erforschung dieser Gebiete.

Angesichts der zahlreichen irreführenden Aussagen der letzten Jahre über die Abholzung der Tropenwälder muß hier betont werden, daß auf Borneo die Hauptursache der Rodungen nicht das Schlagen von Nutzholz ist. Für den Verlust an Waldfläche sind vielmehr in erster Linie die Umwandlung von Wäldern in Plantagen, die Rodungen zur Gewinnung von Ackerland und unkontrollierte Waldbrände verantwortlich.

### BORNEOS VIELFÄLTIGE TIERWELT

Ein spektakuläres Tierleben in Form großer Wildtierherden hat Borneo nicht zu bieten. Statt dessen verfügt die Insel über eine ungeheure Vielfalt an tierischem Leben, das durch ein kompliziertes Netz wechselseitiger Beziehungen eng mit der Komplexität des pflanzlichen Lebens verbunden ist. Jeder, der sich auf die Suche nach bestimmten Tieren Borneos begeben will, muß genügend Zeit mitbringen, um ihren Lebensraum kennenzulernen, dessen Atmosphäre zu absorbieren und richtiges Hören und Sehen zu lernen. Zum Lohn für seine Mühen gelangt der Besucher aber zu einem tieferen Verständnis für diese ganz außergewöhnliche Welt.

### Säugetiere und Reptilien

Was Borneo an Säugetieren zu bieten hat, ist wahrhaft beeindruckend. Das vielleicht bekannteste von allen ist der Orang-Utan, dessen malaiischer Name „Waldmensch" bedeutet. Bei

den Orang-Utans, die in sogenannten „Rehabilitationszentren" in den Wäldern von Sepilok (Sabah), Semengoh (Sarawak) und Tanjung Puting (Zentralkalimantan) leicht zu beobachten sind, handelt es sich meist um nicht ausgewachsene Exemplare. Ausgewachsene wildlebende männliche Orang-Utans, von denen einige im zerklüfteten Inselinnern, weit von ihren wichtigsten Populationen entfernt, große Strecken zurücklegen, verfügen über eine ungeheure Kraft. Doch so beängstigend sie auch aussehen – verläßliche Berichte über Angriffe gegen Menschen gibt es nicht. Der Ruf eines Orang-Mannes – ein langes, nachhallendes Stöhnen, das oft mitten in stillen Nächten zu hören ist – gehört zu den ganz besonderen Erlebnissen in den Wäldern Borneos.

Andere Primaten Borneos sind die eleganten und athletischen Gibbons, die man leichter zu hören als zu sehen bekommt, da ihre bezaubernden Gesänge im Morgengrauen den Wald erfüllen; die langschwänzigen, dickbäuchigen Schlankaffen, die lärmend durch das Blätterdach toben; der in den Sümpfen und Schwemmlandebenen lebende Kahau oder Nasenaffe; und die anpassungsfähigen, allesfressenden Makaken, die häufig auf Nahrungssuche bis in die Plantagen und Gärten vordringen.

Neben den Affen leben in den Bäumen alle möglichen krabbelnden, kletternden und sogar – fliegenden – Kleintiere. Eines von ihnen ist der nachtaktive Sundakoboldmaki mit riesigen Glotzaugen, zierlichen Greifhänden und langem Schwanz. Ein weiteres nachtaktives Säugetier ist der Malaiische Riesengleiter, der, obwohl weniger agil als einige seiner baumbewohnenden Nachbarn, mit Hilfe der behaarten Membran, die sich von seinen Händen bis zur Schwanzspitze spannt, beträchtliche Entfernungen im Gleitflug zurücklegen kann.

Die größte von Borneos Katzenarten ist der seltene Nebelparder. Seine Fangzähne und sein schön gemustertes Fell waren einst unter den Kriegern Borneos als Körperschmuck sehr begehrt. Kleinere Mitglieder der Katzenfamilie sind die Bengalkatze und die von Fischen lebende Flachkopfkatze, die an den Flußufern lebt.

Das größte Landsäugetier der Insel ist der Asiatische Elefant, der heute nur noch im Tiefland und den Tälern im äußersten Nordosten Borneos vorkommt. Auch wenn man einst annahm, daß er von einem der frühen Sultane eingeführt wurde, könnte der Elefant ebensogut schon vorher hier beheimatet gewesen sein. In jedem Fall zählt er zu den gefährdeten Arten Borneos, da er in einem Gebiet lebt, das sich

rasant entwickelt. Das seltenste Säugetier Borneos ist jedoch das Sumatranashorn – ein kleinerer Verwandter des massigen Wollnashorns, das vor Millionen von Jahren die Wälder Europas und Nordamerikas bewohnte.

Die zahlenmäßig am häufigsten vertretenen Säugetiere sind die Fledermäuse, von denen es auf Borneo über 90 Arten gibt. Zu dieser Gruppe gehören sowohl die nur wenige Gramm schweren kleinsten Säugetiere überhaupt als auch der große Flughund, der auf der Suche nach Nektar und Früchten weite Strecken zurücklegt.

Eine andere über große Entfernungen ziehende Tierart ist das Bartschwein, das in noch verbliebenen ausgedehnten Waldgebieten auf der Suche nach herabgefallenen Früchten die Berge durchstreift. Fleisch und Fett dieser Schweine sind für die Ernährung der Bewohner des Landesinnern schon lange von Bedeutung.

Auf Borneo gibt es etwa 160 Schlangenarten, von denen aber die wenigsten – etwa die Kobras und der winzige, aber tödliche Bungass oder Krait – giftig sind; durch Schlangenbiß verursachte Todesfälle bei Menschen kommen äußerst selten vor. Pythons können zwar bis zu 6 m Länge erreichen, aber da ihre wichtigste Beute Wildschweine sind, stellen sie in der Regel für Menschen keine Gefahr dar. Die meisten Schlangen des Regenwalds sind nicht nur harmlos, sondern auch ausgesprochen scheu und fliehen schon bei der kleinsten durch Schritte hervorgerufenen Erschütterung.

Neben den Schlangen gehören zu den Reptilien Borneos die Landschildkröten, Dornschildkröten, Meeresschildkröten, Krokodile und viele Arten von Echsen, von den schlanken Flugdrachen bis zum Bindenwaran, der eine Länge von über 2 m erreichen kann. Von den fast 100 Froscharten der Insel bevorzugt jede einen etwas anders gearteten Lebensraum.

### Vögel

Vogelliebhaber kommen auf Borneo voll auf ihre Kosten, denn Vögel sind die auffälligsten und vielfach auch aufregendsten Tiere der Insel. In unberührten Wäldern überall im Tiefland und in den Bergen leben etwa 200 einheimische Arten, so daß ein Tag mit Fernglas und Notizbuch auch den anspruchsvollsten Ornithologen befriedigen dürfte. Abgeholzte Wälder stellen einen beinahe ebenso artenreichen Lebensraum dar, in dem die Vögel oft sogar besser zu beobachten sind; die scheueren, empfindlicheren Arten sind hier allerdings weniger zahlreich vertreten.

Jedes Stockwerk des Waldes hat seine eigenen Bewohner, von den Fasanen und Pittas auf dem Boden bis zu den zahlreichen Tierarten, die im hohen Blätterdach zu Hause sind. Obwohl sie nicht alle auf den ersten Blick zu entdecken sind, kann man sie in der Regel anhand ihrer Schreie und Gesänge lokalisieren. Die majestätischen Hornvögel, die in der Überlieferung der Stämme Borneos hohes Ansehen genießen, sind mit ihrem auffälligen Gefieder, dem wuchtigen, oft mit einem hornigen Aufsatz versehenen Schnabel und ihrem lauten, zischenden Flügelschlag die vielleicht faszinierendsten. Auffallend sind auch die Spechte mit ihren typischen Klopfgeräuschen und wellenförmigen Flugbahnen sowie die an ihren leuchtenden Farben und dem abgeflachten Schnabel erkennbaren Breitrachen. Mit viel Glück und Geduld kann man auch einen Borneo-Borstenkopf mit seiner gezackten orangefarbenen Haube zu Gesicht bekommen.

Bergwälder, Sekundärwälder, Küsten, Feuchtgebiete und Gärten weisen jeweils ihre eigene Zusammensetzung von Vogelarten auf. In Küstenwäldern kann man den Langschwanzsittich (den größten der vier auf Borneo heimischen Vertreter der Papageienfamilie) sowie zahlreiche wunderschöne Tauben antreffen. In Feuchtgebieten der ganzen Insel leben Reiher. Die heute überall anzutreffenden Sperlinge kamen erst 1964 auf die Insel; für uns interessanter sind jedoch solche Gartenvögel wie die vom Blütensaft und Insekten lebenden Nektarvögel, die Schneidervögel, die beim Nestbau Blätter mit Pflanzenfasern „zusammennähen", und die melodiös singende Dajaldrossel. Auch Pflanzungen mit Ölpalmen und Kakaobäumen sowie aufgelassene Kautschukplantagen in Waldnähe beherbergen oft eine überraschende Artenvielfalt.

### Insekten

Die meisten Tiere Borneos sind Insekten, die zum Glück die Menschen im allgemeinen kaum belästigen, von ein paar Arten stechender Bienen und Wespen einmal abgesehen. Eine wichtige Gruppe bilden die Schmetterlinge, von denen der berühmteste zweifellos der Rajah-Brooke-Vogelflügler ist. Die besten Stellen für die Schmetterlingssuche sind oft die Waldränder. Allerdings treten diese Art von Insekten nur zu gewissen Jahreszeiten auf, und niemand kann mit Sicherheit sagen, ob man eine bestimmte Art an einem bestimmten Ort oder zu einer bestimmten Zeit antrifft oder nicht. An einem Ort jedoch kann man das ganze Jahr über Schmetterlinge beobachten: Im Gebiet der heißen Quellen von Poring (Sabah) zieht der blütenübersäte Park besonders viele und schöne Arten an.

Die vielleicht größte Vielfalt an Insekten findet sich in den Dipterocarpaceen-Wäldern. Die Termiten beispielsweise sind hier mit über 100 Arten vertreten. Im Dipterocarpaceen-Wald ständig zu hören, aber nur selten zu sehen sind die Zikaden – große, geflügelte Insekten, deren schrille Geräusche durch die Vibration von Membranen in Hohlräumen an den Körperseiten hervorgerufen werden.

Zu den sonstigen häufigen Insektengruppen in den Wäldern Borneos zählen die Ameisen, die Käfer, die Wanzen, Nachtfalter, Fliegen und Thripse; letztere spielen als Bestäuber von Bäumen eine wichtige Rolle. Zweifellos gibt es auf Borneo noch unzählige weitere Insektenarten zu entdecken und zu beschreiben. Neuere Untersuchungen in Poring deuten darauf hin, daß in einem einzigen Baum des Regenwalds bis zu 1000 Arten leben können.

### Das Leben im Meer

Im warmen Meer um Borneo leben neben einer verblüffenden Vielfalt an Fischen in allen Regenbogenfarben auch Tintenfische, Quallen, Delphine, Wale und Schildkröten. Selbst Dugongs, von Seegräsern lebende Seekühe, gibt es hier, doch sind sie extrem selten. Diese dicken, robbenähnlichen Meeressäuger sind heute zwar geschützt, haben jedoch unter der jahrhundertelangen Bejagung schwer gelitten.

Seit das Tauchen mit Atemgerät immer beliebter wird, stoßen die Korallenriffe vor allem vor der Nord- und Nordostküste Borneos auf großes Interesse. Das Korallenwachstum variiert je nach Meeresströmung; ist diese besonders stark, wachsen die Korallen langsamer und kompakter, während sie sich in tieferen, ruhigeren Gewässern zu einer unendlichen Vielfalt feingliedrigster Formen verästeln können. Schon für sich allein stellen Korallen eine sehr mannigfaltige Gruppe von Organismen dar; darüber hinaus bilden sie auch die Grundlage für ein komplexes unterseeisches Ökosystem mit Fischen und einer farbenprächtigen Welt von Seeanemonen, Seeigeln, Seesternen, Meeresnacktschnecken und zahlreichen anderen Lebewesen.

Durch die Ansprüche der Korallen an Wassertiefe und -qualität sind die Stellen, an denen sich Korallenriffe bilden können, beschränkt; im Mündungsbereich der breiten, schlammigen Flüsse Borneos beispielsweise gibt es gar keine Korallen. Mittlerweile sind manche Korallenriffe durch örtliche Verschmutzung des Meerwassers oder illegale, von vorbeiziehenden Fischern vorgenommene Sprengungen gefährdet. Trotzdem sind noch immer mehrere korallenreiche Gebiete – etwa die Riffe von Sipadan vor der Küste Sabahs oder die der Maratua-Inselgruppe vor Ostkalimantan – in sehr gutem Zustand, so daß man sich als Taucher hier nach wie vor an einem wahren Unterwasserparadies mit einem geradezu überwältigenden Farben- und Formenreichtum erfreuen kann. Andere Stellen, beispielsweise die Inselparks und die schönen Semporna-Inseln vor Sabah, genießen heute verstärkten Schutz und haben somit längerfristig eine gute Chance, sich zu erholen.

# GESCHICHTE UND POLITIK

Bis vor drei Jahrzehnten war Borneo fast vollständig von tropischem Regenwald bedeckt; von daher mag der falsche Eindruck rühren, daß die Insel die meiste Zeit nur von weit verstreut lebenden Waldmenschen bewohnt gewesen sei. Analog zu Funden von Artefakten in verschiedenen Teilen Borneos deuten die Legenden der Eingeborenen jedoch an, daß sich die Siedlungsgebiete der Menschen im Inselinnern ständig verlagert haben. Manche entlegenen Wälder weisen aufgrund ihres Aussehens und ihres Artenspektrums darauf hin, daß der Boden, auf dem sie wachsen, schon vor Jahrhunderten einmal kultiviert worden war. Alte Artefakte fremdländischen Ursprungs sowie chinesische Aufzeichnungen lassen den Schluß zu, daß seit mindestens anderthalb Jahrtausenden Kontakt zu Händlern und Siedlern von anderswo bestand.

Der europäische Einfluß auf Borneo ist relativ jung; er zeigt sich heute im wesentlichen in der politischen Aufteilung der Insel auf drei Staaten. Schon seit frühesten Zeiten hatte der Handel entscheidenden Einfluß darauf, wie und wo die Eingeborenen lebten. Noch in den ersten Jahrzehnten des 20. Jahrhunderts landeten Jahr für Jahr unzählige Dschunken chinesischer Händler auf Borneo. Während die Europäer auf der Suche nach Gold, Diamanten, Pfeffer und nach Stützpunkten kamen, handelten die Chinesen auch weiterhin mit all jenen Erzeugnissen des Meeres und des Waldes, die sie sich schon seit Jahrhunderten von hier beschafften.

## PRÄHISTORISCHE VÖLKER

Die ersten Menschen Südostasiens waren eng mit den heutigen Menschen verwandt, gehörten jedoch einer anderen Spezies an. Auf der Insel Java fand man über eine Million Jahre alte fossile Überreste des zum Homo erectus zählenden Javamenschen, und sehr wahrscheinlich hat dieser Javamensch auch auf Borneo gelebt. Hinweise auf den ersten Homo sapiens auf Borneo liefert ein Schädel, der in den Niah-Höhlen im Norden Sarawaks ausgegraben wurde; das Alter der ihn umgebenden Holzkohlereste konnte auf etwa 40000 Jahre datiert werden.

In den Kalksteinlandschaften von Madai und Baturong in Sabah finden sich weitere Hinweise auf eine Besiedlung durch Menschen vor etwa 30 000 Jahren. Um diese Zeit blockierte ein durch vulkanische Aktivität entstandener Lavastrom einen Fluß in der Nähe von Baturong, was zur Bildung eines großen Sees führte. Mehrere tausend Jahre lang lag Baturong in der Mitte dieses Sees, bis dem Fluß ein Durchbruch gelang und das Wasser abfließen konnte. Am ehemaligen Rand des Sees wurden Steinwerkzeuge gefunden, und Funde von Muschelschalen und Knochen belegen, daß die Bewohner des Seeufers große Mengen Süßwassermollusken und Waldtiere verzehrten. Vor rund 9000 Jahren verlagerte sich dann das Zentrum menschlicher Aktivität zu den Madai-Höhlen, die viel näher an der Küste liegen als Baturong, und die dort lebenden Menschen ernährten sich von Waldtieren ebenso wie von Schalentieren aus den nahen Mangrovenwäldern. Vor etwa 7000 Jahren wurden die Höhlen verlassen und erst 4000 Jahre später von einer neuen menschlichen Gesellschaft genutzt. Um diese Zeit hatten die Bewohner bereits die Fertigkeit entwickelt, Feldfrüchte anzubauen und Tongefäße herzustellen.

Die Menschen, die vor Zehntausenden von Jahren auf Borneo lebten, wurden offenbar durch Einwanderer vom asiatischen Festland ersetzt, die von den Anthropologen als Austronesier bezeichnet werden. Der Begriff ist reichlich verwirrend, da diese Menschen mit Australien nichts zu tun haben. Wann genau und wie diese Austronesier nach Borneo gekommen sind, ist nicht bekannt. Die gängige Lehrmeinung geht davon aus, daß sie ursprünglich aus Südchina kamen, durch Taiwan zogen und schließlich, irgendwann nach 4000 v. Chr., mit Auslegerbooten über die Philippinen Borneo erreichten. Die Austronesier brachten die unterschiedlichsten Ideen und Gegenstände mit, die das Leben der zuvor auf der Insel ansässigen Jäger und Sammler entscheidend veränderten. Sie bauten Feldfrüchte, wie Reis und Zuckerrohr, an, hielten Schweine und Hunde, konnten töpfern und weben und besaßen verbesserte Methoden zur Herstellung von Werkzeugen und Waffen.

Von der Entwicklung menschlicher Gesellschaften und ihrer Techniken auf Borneo zwischen etwa 1000 v. Chr und 1000 n. Chr. haben wir nach wie vor nur eine sehr verschwommene Vorstellung. Zahlreiche archäologische Funde im südostasiatischen Raum deuten jedoch darauf hin, daß sich in diesem Zeitraum viele der Grundlagen moderner Gesellschaften entwickelten. Allein von Niah stammen verschiedene Arten polierter Steinwerkzeuge, Schmuckstücke aus Schalen und Knochen sowie Überreste von Pandan-Matten (Matten aus Schraubenbaum), Bambuskörben und Holzsärgen, von denen einige über 2000 Jahre alt sind. Tätigkeiten wie der Anbau von Feldfrüchten müssen von den Bauern Borneos in dieser Zeit entwickelt worden sein, während innovative Ideen und neue Materialien vermutlich von Händlern und neuen Siedlern auf die Insel gebracht wurden.

Die erste Nutzung von Metallen – Kupfer und Bronze – durch Menschen im südostasiatischen Raum scheint einige Zeit vor 500 v. Chr. in Südvietnam und Nordthailand stattgefunden zu haben. Die ältesten bis heute auf Borneo gefundenen kupfernen Werkzeuge, die vor 2000 bis 2500 Jahren hergestellt wurden, stammen aus den Höhlen Tapadong und Madai in Sabah. Eiserne Speerspitzen und polierte Steinwerkzeuge wurden in denselben Höhlen in ähnlichen Tiefen gefunden. Es scheint, als habe es auf Borneo keine scharfe zeitliche Abgrenzung zwischen der Verwendung steinerner, kupferner und eiserner Werkzeuge gegeben. Die Einführung von Metallwerkzeugen allerdings dürfte das Leben der Menschen im tropischen Regenwald geradezu revolutioniert haben; das Roden von Wald zum Anbau von Feldfrüchten, die – wie vor allem Reis – offenes Land benötigen, wurde erheblich einfacher, als dafür scharfe Äxte und lange Hackmesser zur Verfügung standen.

Der Abbau und die Verhüttung von Eisenerz begannen auf Borneo jedoch vermutlich erst nach 500 n. Chr. Die Verfügbarkeit von Metallen hatte noch eine andere wichtige Auswirkung, denn erst mit Hilfe langer, eiserner Bohrwerkzeuge konnten aus den Stangen des Borneo-Eisenholzes Blasrohre hergestellt werden – die beste Waffe für die Jagd nach Baumbewohnern wie Hornvögeln und Affen.

Auf Borneo gibt es mehrere Gegenden mit Eisenerzvorkommen. Mit zu den bedeutendsten gehören die Gebiete um Apo Kayan (Ostkalimantan), die am Oberlauf des Barito (Zentralkalimantan), bei Sampas und bei Tayan am Kapuas (Westkalimantan) sowie die Gegend am

Sarawak. Zwischen diesen Eisenerzvorkommen und dem seltsam unzusammenhängenden Siedlungsmuster der wichtigsten Bevölkerungsgruppen im Binnenland Borneos scheint eine Verbindung zu bestehen. Ein weiterer Faktor, der sich auf die frühere Verteilung der Menschen im Innern der Insel ausgewirkt haben dürfte, waren die Salzvorkommen.

Die ersten Kontakte zu Menschen von außerhalb der unmittelbaren Umgebung Borneos wurden offenbar mit Indien geknüpft. Dabei ist unklar, ob die Inder direkten Kontakt mit Borneo hatten oder ob sich ihr Einfluß über indische Siedlungen anderswo, vor allem auf Java und Sumatra, verbreitete. Entlang dem Fluß Mahakam in Ostkalimantan fand man Artefakte mit eindeutig hinduistisch-indischem Einschlag. Zu jener Zeit wurde das Königreich Martapura von König Mulawarman regiert, und zwar von der Stelle aus, wo der Kedang Kepala in den Mahakam fließt. Hinduistische Ruinen und Statuen, die aus diesem frühen Zeitraum stammen könnten, gibt es auch in der Umgebung des Barito in Südkalimantan und nahe Sambas in Westkalimantan. Indische oder indisch beeinflußte Schmuckstücke, Inschriften und Statuen, die auf das 6. oder 7. Jahrhundert n. Chr. datiert werden, wurden bei Limbang im Norden Sarawaks gefunden.

Eine überraschende Verbindung besteht zwischen Borneo und der 5000 km entfernt auf der anderen Seite des Indischen Ozeans gelegenen Insel Madagaskar. Die Sprachen beider Gebiete enthalten gemeinsame Wörter, darunter auch einige, die vom alten Sanskrit Indiens abgeleitet sind. Man nimmt an, daß die sprachlichen Ähnlichkeiten auf eine Wanderung von Menschen aus dem Süden Borneos nach Madagaskar in der Zeit nach 400 n. Chr. zurückgehen.

In den letzten 1500 Jahren war der Austausch mit China insgesamt bedeutender als der mit Indien, wie auf Borneo gefundene chinesische Artefakte und alte chinesische Texte über den Handel mit dieser Region belegen. Unglücklicherweise haben sich die in den alten Texten erwähnten Ortsnamen im Lauf der Zeit geändert, so daß die betreffenden Orte nicht mehr mit Sicherheit lokalisiert werden können. Ab dem 3. und 4. Jahrhundert unternahmen chinesische Buddhisten Pilgerreisen nach Indien, und mit einiger Wahrscheinlichkeit haben sie an der Westküste Borneos einen Zwischenstopp eingelegt, um sich mit Wasser und Nahrung zu versorgen. Eine der frühesten Verbindungen zu China belegen die chinesischen Töpferwaren und Münzen, die bei Terusan Kupang 5 km flußaufwärts von Bandar Seri Begawan in Brunei gefunden wurden und etwa auf die Zeit um 750 n. Chr. zu datieren sind.

Der Name Po-ni, von dem sowohl Brunei als auch Borneo abgeleitet sein sollen, wird in chinesischen Texten ab dem 9. Jahrhundert n. Chr. wiederholt erwähnt. Allgemein nimmt man an, daß Po-ni auf der Westseite Borneos, wahrscheinlich in der Bucht von Brunei und möglicherweise an der Mündung des Lawas lag. Andere alte chinesische Namen, die sich auf Borneo zu beziehen scheinen, sind Po-lo, Po-li und Y-po-ti. In früher Zeit wurden gelegentlich Tributzahlungen von Po-ni an China geleistet; Aufzeichnungen zufolge war dies unter anderem 631, 977, 1082 und 1405 der Fall. Porzellan, Steinzeug und Münzen aus China, die bei Santubong in Sarawak gefunden wurden, dürften größtenteils aus dem 10. Jahrhundert stammen.

### HANDELSBEZIEHUNGEN ZU ANDEREN NATIONEN

Die Chinesen waren nicht die einzigen, die mit Borneo Handel trieben. Um das Jahr 950 n. Chr. schrieb der Kapitän eines arabischen Schiffes über einen Ort namens Sribuza, gelegen in einer großen Bucht auf einer Insel, bei der es sich, wie man annimmt, um Borneo handelte. Ein von einem Araber 1154 verfaßter Bericht erwähnt einen Ort namens Muja – vermutlich Borneo –, von dem der beste Kampfer der Welt stamme.

Frühe Händler brachten nach Borneo Metall- und Töpferwaren, Glasperlen und Stoffe mit und tauschten diese gegen die unterschiedlichsten Güter ein. Der Handel an der Westküste Borneos stand um 800 n. Chr. unter dem Einfluß des auf Sumatra ansässigen buddhistischen Reiches Srivijaya. Eines der damaligen Zentren des Exports von Kampfer war Tawaran, von dem man annimmt, daß es mit dem heutigen Tuaran nördlich von Kota Kinabalu in Sabah identisch ist. Um 1000 n. Chr. hatten die Herrscher Sumatras nach Kriegen gegen Java ihren Einfluß auf Borneo schließlich verloren. Von diesem Zeitpunkt an entwickelte sich Po-ni oder Brunei zu einem kleinen Imperium, zu dem auch Sarawak, Sabah und die Philippinen gehörten. Wichtigster Handelspartner blieb China.

Im Jahr 1225 bezeichnete Chau Ju Kua, ein Zollbeamter in der chinesischen Provinz Fukien, Po-ni als wichtigsten Hafen mit der fortschrittlichsten Verwaltung der gesamten Region, die heute aus Indonesien, Malaysia und den Philippinen besteht. Zum damaligen Zeitpunkt verfügte Po-ni über mehr als hundert Kriegsschiffe.

Um 1260 begann sich das Hindu-Reich Majapahit auf Java auszudehnen, und im darauffolgenden Jahrhundert hatten die Majapahits den Handel im Westen und Süden Borneos unter ihre Kontrolle gebracht. Ihr Handelszentrum nannten sie Buruneng, wobei es sich wohl um Brunei oder Po-ni gehandelt haben dürfte.

Eine chinesische Quelle von 1349 erwähnt die Qualität der Perlen von Sulu vor der Nordostküste Borneos, das früher zum Königreich Brunei gehört hatte und nun immer mächtiger wurde. Im Jahr 1369 plünderte eine Streitmacht von Sulu die Stadt Brunei. Später wurden die Truppen von Sulu von einer Flotte der Majapahits vertrieben, deren Einfluß in Borneo während des 14. Jahrhunderts jedoch zurückging.

### DIE AUSBREITUNG DES ISLAM

Wann die Bewohner Borneos erstmals mit dem Islam in Berührung kamen, ist ungewiß. Ein chinesischer Wissenschaftler meint, der erste Grabstein eines muslimischen Sultans in Brunei stamme aus dem Jahr 1301 n. Chr. und sei von China aus per Schiff auf die Insel gebracht worden. Andere Quellen deuten darauf hin, daß der Islam sich ab dem frühen 15. Jahrhundert auf Borneo verbreitete, als zwei Muslime aus verschiedenen Teilen der Welt rein zufällig gleichzeitig das heutige Sabah besuchten. Einer der beiden, ein arabischer Missionar namens Machdom, kam nach Sulu über Melaka (früher Malakka geschrieben, an der Westküste der Malaiischen Halbinsel) und baute im Jahr 1380 auf Pulau Simunul die erste Moschee. Ein altes, noch immer im Besitz der Bewohner von Sapagaya am Rand der Darvel Bay im Osten Sabahs befindliches Dokument in arabischer Schrift besagt, daß Machdom 1408 zur Darvel Bay kam und die dortige Bevölkerung zum Islam bekehrte.

Ebenfalls um das Jahr 1400 besuchte zumindest eine, wenn nicht sogar zwei chinesische Flotten die Gegend von Sulu und Brunei und unternahm der Legende nach mehrere Fahrten den Kinabatangan hinauf. Alten chinesischen Texten zufolge kam ein muslimischer Admiral namens Cheng Ho mit 60 Schiffen nach Sulu, um die gesamte Region ausführlich zu erkunden. In den königlichen Annalen von Brunei heißt es, ein muslimisch-chinesischer Reisender namens Ong Sum Ping habe um diese Zeit Brunei einen Besuch abgestattet, und eine seiner weiblichen Verwandten habe den zweiten muslimischen Sultan Bruneis geheiratet. Nach einer Legende von Sulu wiederum ehelichte eine chinesische Prinzessin von einer Siedlung am Kinabatangan einen Herrscher von Brunei. Was im einzelnen wirklich geschah, werden wir wohl nie erfahren; wahrscheinlich aber ist, daß Cheng Ho und Ong Sum Ping derselben Flotte angehörten und dazu beitrugen, den Islam in Nordborneo zu verbreiten. Offensichtlich ist auch, daß es in dieser Zeit zu Eheschließungen zwischen chinesischen Reisenden und Eingeborenen Borneos kam.

Im 15. und 16. Jahrhundert scheint sich der Islam über die Küstengebiete Borneos ausgebreitet zu haben. Außerdem knüpften Bewohner Borneos nicht nur weitere Kontakte zu China, sondern auch zu anderen Teilen Südostasiens. Brunei unterhielt Beziehungen zu Melaka, Sambas zu Johor (auf der Malaiischen Halbinsel) und Banjarmasin zu Java.

Während des 16. Jahrhunderts wurden in Sambas, Sukadana und Landak an der Westküste Borneos sowie in Banjarmasin an der Südküste muslimische Dynastien gegründet. Ebenso wie Brunei und Sulu bezogen auch diese Sultanate an der Küste ihren Wohlstand aus dem Handel mit Waren aus dem Inselinnern sowie aus der Erhebung von Steuern. In unterschiedlichem Maße betrieben sie auch Piraterie, und gelegentlich fielen sie übereinander her.

### DIE ERSTEN KONTAKTE ZU EUROPA

Der erste europäische Besucher Borneos war möglicherweise der Italiener Ludovico de Varthema, der um das Jahr 1505 auf der Insel gelandet sein soll; als erste europäische Staaten nahmen jedoch Portugal und Spanien Notiz von Borneo als Macht- und Handelszentrum. Im Jahr 1511 nahmen die Portugiesen Melaka ein, das sie anschließend zur Schaltstelle ihres Asienhandels machten. Die erste Beschreibung Borneos von jemandem, der sein Wissen aus erster Hand bezog, stammt von Tome Pires, der von 1512 bis 1515 den Gewürzhandel in Asien überwachte und das Eintreffen von Gold und Kampfer aus Borneo in Melaka schilderte.

Die erste detaillierte Beschreibung Borneos durch einen Besucher der Insel ist die des Italieners Antonio Pigafetta, der als Chronist in Magellans spanischer Flotte mitfuhr. Nachdem

Frühe Aufnahmen von Eingeborenen verschiedener Volksstämme Borneos.

Oben: *Frauen der Putatan Dusun mit breiten Gürteln aus Messingringen und solchen aus Silbermünzen.*

Rechts: *Ein Murut-Häuptling. Die Murut sind ebenso wie die Dusun Nachkommen der Ureinwohner Sabahs.*

Ganz rechts: *Zwei See-Dayak, heute Iban genannt, in Kriegstracht. Die Iban sind die größte Volksgruppe von Kleinbauern im Innern Sarawaks.*

Magellan selbst bei einem Scharmützel mit Insulanern auf den heutigen Philippinen umgekommen war, ging der Rest seiner Flotte im Juli 1521 in der Bucht von Brunei vor Anker. Pigafetta zufolge wohnten damals in der Stadt Brunei 25 000 Familien, und seiner Beschreibung nach war das Sultanat das eindrucksvollste Staatswesen, auf das Magellans Mannschaft bei seiner Erkundungsfahrt traf.

Brunei betrieb seit 1526 regelmäßigen Handel mit den Portugiesen in Melaka und stieg zu einer bedeutenden Regionalmacht in und um Borneo auf. Der damalige Sultan, von Pigafetta als Radscha Sripada bezeichnet, war vermutlich Sultan Bolkiah, der über die Sultane von Sambas, Sukadana und Banjarmasin herrschte. Die Niederländer nahmen im Jahr 1641 Melaka ein und schnitten damit die Portugiesen vom Handel mit Brunei ab. 1690 eröffneten die Portugiesen jedoch eine neue Handelsniederlassung in Martapura im Süden Borneos, die sie aber schon fünf Jahre später wieder aufgaben; danach unternahmen sie keine neuen Versuche, sich auf der Insel festzusetzen.

Die spanische Regierung auf den nördlichen Philippinen versuchte immer wieder, den islamischen Einfluß der sogenannten „Moros" im Süden zurückzudrängen. Ende der 70er Jahre des 16. Jahrhunderts entsandten die Spanier sogar mehrere erfolglose Expeditionen mit dem Ziel, den Sultan von Brunei zu stürzen. 1645 forderte das Treiben von Piraten aus Brunei einen weiteren spanischen Angriff heraus. Spanien blieb Borneo gegenüber feindselig eingestellt und unternahm nie einen Versuch, friedliche Handelsbeziehungen zur Insel aufzubauen.

### FRÜHE NIEDERLÄNDISCHE EINFLÜSSE

Im Jahr 1600 wurde die englische Ostindische Kompanie gegründet, um den Handel mit Indien und Südostasien zu fördern. Zwei Jahre später folgte die Gründung der niederländischen Ostindischen Kompanie, die dasselbe Ziel verfolgte. Nachdem die Spanier und die Portugiesen kein ernsthaftes Interesse am Handel mit Borneo bekundeten, füllten zunächst die Niederländer und später die Briten das entstandene Machtvakuum aus. Das Interesse der Niederländer konzentrierte sich zunächst auf das Sultanat Banjarmasin, von dem sie Pfeffer kaufen wollten. Bald mußten sie jedoch feststellen, daß auf Borneo einfache Ziele keineswegs immer mit einfachen Mitteln zu erreichen waren. Im Jahr 1603 eröffneten sie eine Handelsniederlassung in

Banjarmasin; nach der Ermordung einiger niederländischer Händler wenige Jahre später kam es jedoch zu Feindseligkeiten, in deren Gefolge die Niederländer 1612 die Stadt zerstörten und den Sultan zwangen, nach Martapura zu ziehen. Ein solches Grundmuster von Mord und Rache beeinträchtigte während des ganzen 17. Jahrhunderts auch im Süden und Westen Borneos alle niederländischen Unternehmungen.

Gegen Ende des Jahrhunderts ging den Niederländern allmählich auf, daß ihr Ziel mit friedlichen Mitteln nicht zu erreichen war, und so griffen sie zu aggressiveren Methoden: Um Borneo unter ihre Kontrolle zu bringen, spielten sie fortan gezielt einzelne Gruppen von Einheimischen gegeneinander aus. Im Jahr 1698 ersuchte der Radscha von Landak im Westen Borneos den Sultan von Bantam auf der Insel Java um Hilfe in seinem Kampf gegen den benachbarten Sultan von Sukadana. Eine vereinigte Streitmacht aus Niederländern und Soldaten aus Bantam und Landak machte daraufhin Sukadana dem Erdboden gleich, und der javanische Sultan von Bantam schwang sich zum uneingeschränkten Herrscher Westborneos auf. Obwohl Bantam weit von Westborneo entfernt liegt, war sein Sultan ein Vasall der Niederlande, und so hatte diese militärische Aktion zur Folge, daß die niederländische Ostindische Kompanie sehr schnell beträchtlichen Einfluß in Westborneo gewann.

1772 ließ sich der arabische Pirat und Abenteurer Abdu'r-Rahman im kleinen Ort Pontianak unweit der Mündung des Landak nieder, ohne dafür die Erlaubnis des Radscha von Landak einzuholen. Der Radscha beschwerte sich darüber beim Sultan von Bantam, der jedoch mittlerweile seinen Herrschaftsanspruch über Westborneo vollständig an die Niederländer abgetreten hatte. Diese aber entschieden, den Radscha nicht zu unterstützen, und setzten statt dessen Abdu'r-Rahman als „Sultan von Pontianak" ein. Daraufhin gründeten sie in Pontianak eine Handelsniederlassung und forderten den neuen Sultan auf, jeden Staat in der Umgebung zu bekämpfen, der seine Oberherrschaft nicht anerkannte. So kam es zur Entstehung des Sultanats Pontianak und zur Entmachtung der anderen Herrscher Südwestborneos.

Ein ähnliches Spiel trieben die Niederländer im Süden Borneos. Die niederländische Ostindische Kompanie hatte im Jahr 1747 mit dem Sultan von Banjarmasin einen neuen Handelsvertrag über Pfeffer geschlossen, der auch den Bau einer Festung mit einschloß. Nach einer Invasion durch die Volksgruppe der Bugi und in-

neren Streitigkeiten im Sultanat im Jahr 1785 waren die Niederländer somit in der Lage, zum Schutz ihrer Handelsinteressen in den Konflikt einzugreifen. Sie schlugen sich auf die Seite eines der Kontrahenten, sorgten dafür, daß er seine Schlachten gewann und setzten ihn als Sultan ein – unter der Bedingung, daß er sein neuerworbenes Herrschaftsgebiet an die Regierung von Niederländisch-Indien abtrat. Auf diese Weise wurde die niederländische Ostindische Kompanie zum „souveränen Herrscher, Eigentümer und Besitzer des gesamten Königreichs Banjarmasin" und somit zur ersten ausländischen Macht, die die vollständige Kontrolle über einen Teil Borneos ausübte.

Schon bald aber sollten die Niederlande nicht mehr die einzige bedeutende europäische Macht auf Borneo sein. Im Vertrag von Paris aus dem Jahr 1784 war bereits festgeschrieben worden, daß das südostasiatische Archipel den Schiffen aller Nationen offenstehen solle, und so war das De-facto-Monopol der Niederländer in Ostindien gebrochen. Ohnehin hatten jahrelange Verschwendung und Korruption die niederländische Ostindische Kompanie bereits an den Rand des Bankrotts gebracht. Im Rahmen kostendämpfender Maßnahmen beschlossen deshalb die niederländischen Behörden auf Java 1790, sämtliche niederländischen Siedlungen in Westborneo aufzulösen. 1797 gaben sie auch dem Sultan von Banjarmasin die Ländereien in Südborneo zurück, die dieser an sie abgetreten hatte. 1809 wurde schließlich auch die letzte der frühen niederländischen Siedlungen in Borneo, Fort Tatas bei Banjarmasin, aufgegeben.

### NORDBORNEO UND DIE BRITEN

In der Zwischenzeit hatte sich im Norden Borneos einiges getan. Nach Pigafettas Besuch kam es in Brunei immer wieder zu Machtkämpfen, die das Sultanat zunehmend schwächten. Mitte des 17. Jahrhunderts stürzte der oberste Minister Bruneis, Pengiran Bongsu, mit Unterstützung des Sultans von Sulu den Sultan Bruneis. Zum Dank für seine Hilfe wurde dem Sultan von Sulu die Kontrolle über die Küstenzone zwischen Kimanis Bay (heute Westsabah) und dem Sebuku (heute Ostkalimantan) zugesprochen.

In den Fußstapfen der Niederländer hatte sich auch die englische Ostindische Kompanie auf Borneo engagiert, wenn auch weniger im Hinblick auf Handelsgüter von der Insel selbst als vielmehr mit dem Ziel, sich einen Stützpunkt für die Erweiterung ihrer Operationen in Asien zu sichern. Zwischen 1759 und 1764 besuchte Alexander Dalrymple, ein Angestellter der Kompanie in Madras, mehrmals das Sulu-Archipel, wo er den Sultan von Sulu zur Abtretung von Ländereien in Nordborneo einschließlich einiger Inseln vor der Küste überreden konnte. Für die Errichtung der Handelsniederlassung der Kompanie wählte Dalrymple die Insel Balambangan aus, die er offenbar für den Mittelpunkt eines imaginären Kreises um die ostindischen Inseln hielt. Erst 1772 jedoch, als Dalrymple bereits aus den Diensten der englischen Ostindischen Kompanie entlassen worden war, schickte die Kompanie Truppen und Waren zur Insel Balambangan. Anstelle Dalrymples wurde John Herbert zum Leiter der neuen Handelsniederlassung von Balambangan ernannt. Die wichtigsten Handelsgüter, die Herbert mitbrachte, waren Gewehre, Schießpulver und Opium.

Im Jahr 1773 dankte der alte Sultan zugunsten eines seiner Söhne ab. Die Beziehungen zu dem reichlich undiplomatisch vorgehenden John Herbert verschlechterten sich, und 1775 wurde die Siedlung von Truppen aus Sulu angegriffen und zerstört. 1803 eröffnete die Kompanie erneut Handelsniederlassungen auf Balambangan und in Brunei, die jedoch beide bereits nach einem Jahr wieder aufgegeben wurden. 1812 führte dann Captain John Hunt auf Anweisung von Thomas Stamford Raffles eine detaillierte Erkundung der Handelsmöglichkeiten in Sulu und Nordostborneo durch, doch trotz seiner positiven Beurteilung sollte es dabei bleiben.

## Die Launen der Geschichte

Der Rückzug der Niederländer aus Borneo drohte für den Sultan von Banjarmasin in einer Katastrophe zu enden, da er nicht in der Lage war, auf sich allein gestellt sein einst so angesehenes und mächtiges Gebiet zu verteidigen. Er sah sich – zunächst vergeblich – in der Region nach Verbündeten um.

Seit Ende des 18. Jahrhunderts trafen auf Borneo etliche europäische Abenteurer mit recht unterschiedlichen Motiven ein. Einer von ihnen war Alexander Hare, ein britischer Kaufmann mit Sitz in Melaka. Im Jahr 1810 sandte Hare nach Banjarmasin zwei Handelsschiffe, die jedoch leer wieder zurückkamen. In seinem offensichtlichen Bestreben, ein Königreich zu begründen und sich Sklaven sowie einen Harem zu halten, gelangte Hare wohl zu der Überzeugung, daß Borneo sein ganz persönliches Land der unbegrenzten Möglichkeiten war. Als dann der Sul-

tan von Banjarmasin im Rahmen seiner verzweifelten Suche nach Verbündeten zwei Gesandte nach Melaka schickte, stellte Hare diese Stamford Raffles vor, der soeben zum „Bevollmächtigten des Generalgouverneurs der malaiischen Staaten" ernannt worden war.

Der Zeitpunkt hätte für alle Beteiligten günstiger kaum sein können. Nach der Annexion Hollands durch Napoleon im Jahr 1810 entschlossen sich die Briten zur Besetzung Javas, des Zentrums des niederländischen Einflusses in Ostindien. Raffles, offiziell von der britischen Regierung mit der Vorbereitung der Invasion beauftragt, nahm sich ganz bewußt die Zeit, zu sämtlichen Sultanen der Region Kontakt aufzunehmen. Und obwohl er nie auf Borneo gewesen war, hielt er die Insel für „nicht nur eines der fruchtbarsten Länder der Erde, sondern auch das gold- und diamantenreichste".

1812 wurde Hare nach Banjarmasin entsandt, um dort eine Siedlung zu gründen. Hare handelte einen Vertrag aus, dem zufolge der englischen Ostindischen Kompanie der größte Teil des südöstlichen Borneo zugestanden wurde – mit Ausnahme eines 3600 km$^2$ großen Gebiets, das der Sultan Hare persönlich überließ. Damit hatte der Sultan ein gutes Geschäft gemacht, denn obwohl er keine wirkliche Macht über die abgetretenen Gebiete ausübte, brachte ihm der Handel aus der Sicht seiner Konkurrenten großes Prestige ein.

Hare machte sich sofort an die Verwirklichung seiner ehrgeizigen Vorhaben: Er wollte Pfeffer und Reis anbauen, nach Diamanten schürfen, Erzeugnisse des Waldes exportieren und Salz gewinnen. Bald aber mußte er dieselbe Erfahrung machen wie alle, die bis zum heutigen Tag Pläne zur wirtschaftlichen Erschließung Borneos schmiedeten: Die dortige Bevölkerung, ohnehin zahlenmäßig viel zu klein, war nicht allzu interessiert daran, für ausländische Investoren die Arbeit zu verrichten. So wurden über 3200 Menschen aus Java – größtenteils gegen ihren Willen – zum Arbeiten nach Banjarmasin umgesiedelt.

In den Jahren, die diese Umsiedlungsaktion in Anspruch nahm, hatten sich die Dinge jedoch in einer Richtung entwickelt, die das ganze Projekt überflüssig machen sollten. Raffles, mittlerweile zum Vizegouverneur von Java ernannt, war nämlich zu der Überzeugung gelangt, daß die Ortschaften im Westen Borneos bessere Aussichten für den Handel boten als Banjarmasin im Südosten. Die britische Regierung ihrerseits ging nun, da sich der Krieg gegen Napoleon seinem Ende zuneigte, davon aus, daß alles in allem ge-

nommen eine starke niederländische Regierung für Großbritannien von Vorteil wäre; da jedoch die Stärke der Kolonialmacht Niederlande zu einem guten Teil vom Wohlergehen ihrer überseeischen Besitzungen abhing, einigte man sich auf eine Aufteilung der tropischen Kolonien zwischen beiden Staaten und die Rückgabe der Ostindischen Inseln an die Niederländer.

### Die Konsolidierung des niederländischen Einflusses im Süden Borneos

Wenn die Niederlande schon nicht übermäßig an Borneo interessiert waren, so traf dies in noch stärkerem Maße auf die Briten zu. Im Jahr 1816 zogen sich zunächst Hare und dann auch das offizielle Großbritannien aus Banjarmasin zurück. 1817 unterzeichnete dann der Sultan von Banjarmasin ein weiteres Abkommen, dem zufolge er das gesamte Territorium zwischen Kota Waringin und Berau diesmal an die niederländische Regierung abtrat, die im Gegenzug garantierte, ihn, sein Volk und sein Land gegen alle Feinde von innen und außen zu verteidigen. Wie bereits im vorausgegangenen Vertrag mit den Briten, herrschte der Sultan über den größten Teil des abgetretenen Landes nur auf dem Papier.

Auf den Geschmack gekommen, schrieb der Sultan von Sambas im Westen Borneos, ein berüchtigter Pirat, der neuen niederländischen Regierung auf Java einen Brief, in dem er ein ähnliches Abkommen vorschlug. Danach dauerte es nicht lange, bis auf Java ein weiteres freundschaftliches Schreiben von seinem Rivalen, dem Sultan von Pontianak, eintraf. Daraufhin wurde eine niederländische Delegation nach Westborneo entsandt, um mit den beiden Sultanen und anderen Potentaten der Region Verträge auszuhandeln. Die Niederländer beabsichtigten, als Gegenleistung für die militärische Hilfe, die sie im Notfall den Sultanen gewähren sollten, Zölle zu erheben und den friedlichen Handel zu fördern. Die niederländische Expedition traf zuerst in Pontianak ein, wo schnell eine Einigung erzielt werden konnte. Auf der Weiterreise nach Sambas stießen die Niederländer an der Mündung des Sambas auf den Sultan persönlich, der gerade im Begriff war, einen Piratenüberfall auf Pontianak zu führen. Der Überfall wurde abgesagt und statt dessen ein Vertrag ausgehandelt, mit dessen Hilfe die Niederlande ihre Macht in West- und Südborneo festigten.

Nicht alle britischen Interessenvertreter waren damit einverstanden, Borneo – auch noch freiwillig – den Niederländern zu überlassen. Vor allem die britischen Kaufleute in Penang versetzte diese Entscheidung in helle Aufregung, und Stamford Raffles, mittlerweile Vizegouverneur von Bencoolen auf Sumatra, war der Ansicht, daß Großbritannien sich des größten Teils von Borneo außer Banjarmasin bemächtigen sollte. Die Diskussion um die Aufteilung der verschiedenen Teile Ostindiens zwischen Briten und Niederländern zog sich bis in die 30er Jahre des 19. Jahrhunderts hin. Beide Seiten beschäftigten sich jedoch mehr mit anderen Gebieten, beispielsweise Melaka, Singapur und Sumatra.

Zahlreiche Niederländer wollten ihren Einflußbereich in Borneo nach Norden ausdehnen, insbesondere unter Mithilfe des noch immer mächtigen Sultans von Brunei. Die Zentralregierung jedoch hatte immer irgendwelche dringlicheren Probleme zu lösen. 1823 hatte ein niederländischer Gesandter Brunei einen Besuch abgestattet, ohne jedoch einen Vertrag abzuschließen. 1831 beauftragte dann die Regierung von Java einen Edelmann aus Sambas damit, über die Interessen der Niederländer zu verhandeln. Der Mann blieb zwar neun Monate in Brunei, kam dann aber ebenfalls mit leeren Händen zurück.

In den Jahren 1838–1839 appellierte der Stellvertretende Statthalter der Niederländer in Sambas, R. Bloem, dringlich – wenngleich vergeblich – an seine Regierung, einen Vertrag mit dem Sultan von Brunei abzuschließen, um den Schmuggel zu unterbinden und den britischen Einfluß in Westborneo einzudämmen. In Wahrheit war die britische Regierung zu diesem Zeitpunkt an Westborneo nicht sonderlich interessiert, und wäre da nicht ein einzelner britischer Abenteurer gewesen, hätten die Niederländer nicht nur Bloems Rat leicht umsetzen, sondern ganz Borneo unter ihre Kontrolle bringen können.

## DIE BROOKES UND SARAWAK

1839 traf James Brooke – ein ehemaliger Offizier in der Armee der englischen Ostindischen Kompanie – auf seinem Schiff *Royalist* an der Mündung des Sarawak ein. Dieses Ereignis sollte eine tiefgreifende Veränderung in der politischen Entwicklung Borneos nach sich ziehen, denn bald begann die hundertjährige Herrschaft der „weißen Radschas" von Sarawak. Als Gegenleistung für seine Hilfe bei der Niederschlagung eines Aufstands in einer abgelegenen Provinz am Sarawak trat Brunei im Jahr 1841 das Land zwischen Tanjung Datu und dem Fluß Samarahan an Brooke ab, der sich selbst den Titel „Rad-

scha" verlieh. Mit Glück, persönlichem Charme, Säbelrasseln und gelegentlichen blutigen Kämpfen gegen echte und angebliche Piraten, bei denen ihm die britische Marine zu Hilfe eilte, gelang es Brooke, seine Macht zu festigen und von Brunei zusätzliches Land zu erwerben.

Als James Brooke 1868 starb, folgte ihm sein Neffe Charles nach, der trotz seines friedlicheren und weniger extravaganten Regierungsstils das Territorium seiner Familie bis Lawas ausdehnte und damit die Grenze des künftigen malayischen Gliedstaats Sarawak zog. Während der letzten Jahre von James' Herrschaft hatte dessen mitunter recht skrupelloses Vorgehen in Großbritannien manche Kontroverse ausgelöst, und so stellte die britische Regierung Sarawak erst im Jahr 1888 offiziell unter ihren Schutz. 1917 übernahm Charles Brookes Sohn, Charles Vyner Brooke, die Regierungsgeschäfte. Nach hundertjähriger Herrschaft seiner Familie entwarf Charles Wyner 1941 als ersten Schritt zur Demokratisierung eine geschriebene Verfassung für Sarawak, doch kurz danach erfolgte die Invasion der Insel durch die Japaner.

## PIRATERIE UND SKLAVENHANDEL

Piraterie und Sklavenhandel waren um Borneo im 19. Jahrhundert weit verbreitet. Beides wurde von malaiischen Adligen aller Gemeinwesen an den Küsten, einschließlich Brunei, gefördert. Die Adligen unterstützten die Piratenüberfälle, um damit die Macht eines Konkurrenten zu destabilisieren, so daß es zu häufigen Machtwechseln kam. In vielen Fällen waren die Anführer der Piraten Männer arabischer Abstammung, die man im 19. Jahrhundert als „Scharifen" be-

zeichnete; zu ihren Gefolgsleuten gehörten auch Eingeborene sowohl muslimischen als auch nichtmuslimischen Glaubens. Am meisten fürchteten die Bewohner der Küstengebiete Borneos jedoch die Piraten von den südlichen Philippinen. Besonders verrufen waren die Illanun, die häufig auf eigene Faust Raubzüge unternahmen; sie setzten dabei 30 m lange Schiffe ein, die von Rudersklaven in zwei übereinanderliegenden Decks angetrieben wurden. Zu ihren Waffen gehörten auch Kanonen. Auf langen Beutezügen, die bis zu drei Jahre dauern konnten, waren ganze Dorfgemeinschaften der Illanun einschließlich Frauen und Kindern auf einem dritten Deck über den

*James Brooke, der erste der sogenannten weißen Radschas, und (unten) Ranee Margaret, die Gattin des zweiten Radschas Charles Brooke mit weiblichem Gefolge.*

*Seine königliche Hoheit Sri Paduka Al Sultan Mohamet Jamal Al Alam bin Sri Paduka Al Marhom Al Sultan Mohamet Fathlon, Sultan von Sulu, mit seinem königlichen Gefolge um 1876. Das einst mächtige Sultanat, das im vorausgegangenen Jahrhundert über den Handel und die Menschen Nordostborneos geherrscht hatte, war zu diesem Zeitpunkt bereits im Niedergang begriffen. Im Juli des Jahres 1878 sah sich der Sultan gezwungen, die Herrschaft über Sulu an die spanische Regierung der Philippinen abzutreten. Im Januar desselben Jahres hatte er bereits den größten Teil des heutigen Sabah für 5000 Straitsdollar pro Jahr an Baron von Overbeck und Alfred Dent verkauft.*

Rudersklaven untergebracht. Zwischen ihren Fahrten wohnten die Piratenbanden in Festungen an den Unterläufen der Flüsse Nord- und Westborneos. Von etwa 1840 bis 1870 gelang es der britischen Marine, die größeren Banden und ihre Forts in Saribas, Batang Lupar (Sarawak), Membakut, Tempasuk, Marudu und Tungku (Sabah) zu zerschlagen.

### GROSSBRITANNIEN UND NORDBORNEO IM 19. JAHRHUNDERT

Die britische Regierung unterstützte James Brooke in Sarawak, ohne dort irgendwelche Rechte geltend zu machen. 1846 trat der Sultan von Brunei die Insel Labuan an die britische Regierung ab, die Brooke zum Gouverneur und Generalkonsul dieser ersten Besitzung des britischen Weltreichs in Nordborneo ernannte. Anfängliche Hoffnungen, daß Labuan sich wie Singapur zu einem bedeutenden Handelszentrum entwickeln würde, erfüllten sich jedoch nicht. Krankheiten, wie Malaria, Streitigkeiten innerhalb der britischen Regierung, wirtschaftlicher Mißerfolg sowie die hohen Unterhaltskosten des strategisch bedeutungslosen Stützpunkts führten schließlich 1902 dazu, daß die Briten Labuan den Straits Settlements eingliederten und damit unter eine gemeinsame Verwaltung mit Penang, Melaka und Singapur stellten.

Inzwischen hatte eine Reihe merkwürdiger Ereignisse die Geschichte Nordborneos in eine neue Richtung gelenkt. Im Jahr 1865 erhielt ein Amerikaner namens Lee Moses vom Sultan von Brunei einen Pachtvertrag über ein größeres Territorium, das heutige Sabah. Später verkaufte er den Vertrag an die amerikanische Handelskompanie, der jedoch der wirtschaftliche Erfolg versagt blieb. Ein in Hcngkong stationierter österreichischer Regierungsbeamter, Baron von Overbeck, übernahm 1875 den Pachtvertrag und schloß sich dann mit den Dent-Brüdern, britischen Kaufleuten in Hongkong, zusammen. Erst danach erfuhr Overbeck vom Gouverneur von Labuan, daß Sabah zwei Jahrhunderte zuvor von Brunei in den Besitz des Sultans von Sulu übergegangen war. Gemeinsam mit dem Schotten William Cowie, der dem Sultan von Sulu Waffen verkaufte, fuhr Overbeck nach Sulu, wo man ihm Nordborneo für 5000 Straitsdollar im Jahr überließ. Britische Beamte wurden in dem Gebiet stationiert. Anschließend verkaufte Overbeck seinen Anteil an die Dents, denen 1881 ein königliches Privileg verliehen wurde, das der englischen Nordborneo-Kompanie das Recht einräumte, Nordborneo zu regieren. Hoffnungen auf reichliche Profite durch Gold und später auch Tabak erfüllten sich nicht. Die Kompanie konnte lediglich durch Steuer- und Zolleinnahmen ihr Überleben sichern, erzielte jedoch kaum nennenswerte Gewinne.

### KOLONIALISMUS AUF BORNEO

Brunei blieb unter dem Schutz der britischen Krone, war jedoch nie eine Kolonie. Die drei europäischen Mächte, die Borneo vom 19. Jahrhundert bis zur japanischen Invasion verwalteten, zeichneten sich durch recht unterschiedliche Vorgehensweisen aus.

Für die Niederländer war Borneo ein großer, aber unterbevölkerter Teil ihres riesigen ostindischen Territoriums, der schwer zu erschließen war und erst Anfang des 20. Jahrhunderts wegen seiner Ölvorkommen an Bedeutung gewann. Ab etwa 1830 unterstützte man christliche Missionare, um eine weitere Ausbreitung des Islam zu verhindern. Seit Beginn des 20. Jahrhunderts wurden verstärkt Versuche unternommen, die Grundversorgung mit Verkehrswegen, Krankenhäusern und Schulen sicherzustellen.

Nach blutigen Zusammenstößen in den Anfangsjahren von James Brookes Herrschaft wurde Sarawak von den 60er Jahren des 19. Jahrhunderts an zwar autokratisch, aber durchaus human regiert; die eingeborene Bevölkerung konnte ihre Lebensgewohnheiten beibehalten, und Verwaltungsbeamte hatten weitgehend freie Hand für Entscheidungen auf der Grundlage des gesunden Menschenverstands. Missionare und ausländische Unternehmer – auch britische – durften das Land nicht betreten. Abgesehen von der Erschließung von Ölfeldern bei Miri gab es keine Versuche einer wirtschaftlichen Entwicklung des Landes.

Die englische Nordborneo-Kompanie war naturgemäß die am stärksten kommerziell orientierte Kolonialmacht in der Geschichte Sarawaks. Als sich die Hoffnungen auf Goldfunde in Nordborneo nicht erfüllten, förderte die Kompanie die Anlage von Plantagen, indem sie große Landstücke an britische, niederländische und auch japanische Agrarunternehmen verpachtete. Im Endeffekt wurden aber nur relativ kleine Flächen bepflanzt, und zwar im wesentlichen mit Tabak und Kautschukbäumen. Zu den wichtigsten Stützen der Wirtschaft Nordborneos gehörte von Anfang an der Export tropischer Hölzer. Zwischen den beiden Weltkriegen förderte die Kompanie die Einwanderung von Chinesen.

In der Zeit der kolonialen Expansion kam es

vereinzelt immer wieder zu Angriffen Eingeborener gegen europäische Eindringlinge. Im großen und ganzen blieb Borneo jedoch von schwereren Auseinandersetzungen verschont, was auch daran gelegen haben mag, daß nie eine große ausländische Bevölkerungsgruppe auf der Insel lebte und es deshalb auch keine Streitigkeiten um Landbesitz und kaum Konflikte mit den Sitten und Gebräuchen der Einheimischen gab. Vor 1941 lebten nie mehr als 8000 Europäer auf der Insel, die meisten davon in den Ölfördergebieten der Niederländer an der Ostküste. Der einzige Brauch der eingeborenen Bevölkerung, den die Europäer von Anfang an auszurotten versuchten, war die Kopfjägerei. Der wohl berühmteste und zäheste Rebell war Mat Salleh, ein Suluk-Bajau, der sich 1894 gegen die Herrschaft der Kompanie erhob und 1900 von den Briten getötet wurde.

## DER ZWEITE WELTKRIEG UND DER WEG IN DIE UNABHÄNGIGKEIT

Die Invasion der Japaner auf Borneo im Dezember 1941 hatte tiefgreifende Auswirkungen auf die Zukunft der Insel. Überall, selbst in den abgelegensten Teilen des Landesinnern, wurden

*Eine Polizeipatrouille auf einem Bambusfloß nahe Maligan im Südwesten Sabahs 1910.*

die Europäer zusammengetrieben, und viele von ihnen starben entweder schon bei ihrer Gefangennahme oder beim berüchtigten Todesmarsch der Kriegsgefangenen zwischen Sandakan und Ranau in Sabah. Als sich die Japaner im September 1945 australischen Truppen ergeben mußten, waren die wichtigsten Städte Nordborneos von Bombern der Alliierten zerstört worden. Die europäische Oberherrschaft gehörte nicht nur äußerlich, sondern auch im Bewußtsein vieler Bewohner Borneos endgültig der Vergangenheit an. In zahlreichen Teilen Ostindiens und besonders auf Java verwehrte man daraufhin den Niederländern die Rückkehr, und Indonesien erklärte sich 1945 für unabhängig. Der aktive Widerstand gegen die Niederländer auf Java führte in Verbindung mit diplomatischen Bemühungen 1949 zur internationalen Anerkennung der Unabhängigkeit Indonesiens.

Großbritannien beschloß, Nordborneo und Sarawak der Krone zu unterstellen und einen neuen Vertrag mit dem Sultan von Brunei auszuhandeln. Die Bewohner Nordborneos erklärten sich damit einverstanden, während es in Sarawak zu einigem Widerstand und sogar zur Ermordung des Gouverneurs im Jahr 1949 kam, bevor auch dort die Mehrheit sich in die britische Herrschaft fügte.

Der Sultan von Brunei zog nach Kuching und wurde nach seinem Tod von seinem Bruder abgelöst. In den 50er Jahren erhielten Nordborneo

und Sarawak nach und nach eine verbesserte Infrastruktur sowie Flugverbindungen mit Singapur und Malaya.

Der erste Premierminister von Malaya, Tunku Abdul Rahman, schlug 1961 eine Vereinigung der Staaten Borneos mit Malaya zu einer Föderation Malaysia vor. Der Vorschlag stieß auf unterschiedliche Reaktionen der Bewohner dieser Staaten und auf die strikte Ablehnung Indonesiens. Es kam zur Konfrontation, in deren Verlauf britische und australische Truppen auf Borneo stationiert wurden, und zu gelegentlichen Scharmützeln im Grenzgebiet. Trotz dieser Auseinandersetzungen, zu denen auch noch ein kurzer Aufstand in Brunei kam, erlangten Sabah (Nordborneo) und Sarawak 1963 als Gliedstaaten Malaysias die Unabhängigkeit. Brunei zog es zunächst vor, seinen Status als britisches Protektorat beizubehalten, und wurde deshalb erst 1984 in die Unabhängigkeit entlassen.

## DIE POLITISCHE SITUATION HEUTE

Die drei auf Borneo vertretenen Staaten haben trotz ähnlicher demographischer Voraussetzungen sehr unterschiedliche Regierungsformen.

### Brunei

Brunei ist eine Monarchie malaiischer Muslime, in der das Amt des Sultans erblich ist. Nach der Verfassung von 1959 stehen dem Sultan vier

*Die Amerikaner Martin und Osa Johnson landeten in den 30er Jahren mit einem Wasserflugzeug in Britisch-Nordborneo. Das gestellte Photo zeigt sie am Kinabatangan.*

Räte (Councils) mit beratender Funktion zur Seite: Räte für religiöse und „geheime" Angelegenheiten, der Kabinettsrat und der Rat für die Nachfolgefrage. Politische Organisationen gibt es nicht. Zu den Hauptaufgaben des Sultans, der gleichzeitig auch Premierminister und Verteidigungsminister ist, gehören die Erhaltung der Einheit sowie die Förderung des Islam und der bruneisch-malaiischen Kultur. Mehrere Familienangehörige des Sultans bekleiden Regierungsämter, beispielsweise als Finanz- oder Außenminister. Brunei ist in vier Verwaltungsdistrikte aufgeteilt, deren oberste Vertreter unmittelbar dem Premierminister unterstellt sind. Der enorme Ölreichtum des Landes ist die Grundlage dafür, daß die Bevölkerung Bruneis einen für südostasiatische Verhältnisse ungewöhnlich hohen Lebensstandard genießt; die medizinische Versorgung und das Schulwesen sind kostenlos, und zahlreiche Bewohner haben einen krisensicheren Arbeitsplatz bei Regierungsbehörden oder regierungsnahen Dienstleistungsbetrieben.

### Malaysia

Sabah und Sarawak sind zwei der 13 Bundesstaaten der Malaysischen Föderation, die der Verfassung nach eine Wahlmonarchie ist. Der König wird von neun erblichen Herrschern, die jeweils an der Spitze eines Bundesstaates auf der Malaiischen Halbinsel stehen, aus deren eigenem Kreis für fünf Jahre gewählt. Sarawak und Sabah haben anstelle eines solchen erblichen malaiischen Herrschers ein vom König ernanntes Staatsoberhaupt. Die Macht des Königs und der Oberhäupter der einzelnen Bundesstaaten wird jedoch durch die Verfassung sowie durch demokratisch gewählte Regierungen auf Bundes- und Landesebene begrenzt. Wahlen werden bundesweit und in den einzelnen Gliedstaaten alle fünf Jahre abgehalten; wahlberechtigt sind alle erwachsenen Bürger. Obwohl die Bundesregierung über nationale Entwicklungspläne großen Einfluß auf Sabah und Sarawak ausübt, wird ihre Macht in einigen Bereichen durch die Bundesverfassung eingeschränkt, die beispielsweise land- und forstwirtschaftliche Angelegenheiten der Entscheidungskompetenz des jeweiligen Bundesstaates unterstellt. Staatsreligion ist der Islam, doch garantiert die malaysische Verfassung Religionsfreiheit.

### Indonesien

Indonesien besitzt als konstitutionelle Republik eine Zentralregierung, die das riesige, über zahlreiche Inseln verstreute und sehr heterogene Land fest im Griff hat. Der Präsident ist, assistiert von seinem Kabinett, gleichzeitig Staatsoberhaupt und höchste Exekutivmacht des Landes. Sowohl im Beratenden Volkskongreß als auch im Abgeordnetenhaus sitzen demokratisch gewählte Mitglieder, aber auch vom Präsidenten ernannte Vertreter der Streitkräfte, was ebenso für das Kabinett und die örtlichen Regierungsbehörden gilt. Das Land ist in 27 Provinzen gegliedert, an deren Spitze jeweils ein vom Präsidenten ernannter Gouverneur steht. Auf drei Ebenen unterhalb der Provinzgouverneure folgen die Distrikte mit ihren Verwaltungschefs, die von Bürgermeistern regierten Städte und die Dörfer mit ihren Dorfvorstehern. Da in ländlichen Gebieten der Dorfvorsteher von den Bewohnern seines Dorfes gewählt wird, hat er durchaus ein gewisses Mitspracherecht auf lokaler Ebene; alle politischen Grundsatzentscheidungen gehen jedoch von der Zentralregierung aus, die deshalb für die langfristige Entwicklung des indonesischen Teils von Borneo die entscheidenden Weichenstellungen vornimmt.

## DIE BEVÖLKERUNG

Die Bewohner Borneos sind hinsichtlich Lebensweise, Kultur und Religion schon lange den Einflüssen anderer Länder ausgesetzt. Die Insel ist jedoch so groß, daß von außen beeinflußte Veränderungen im Leben von Küstenbewohnern beispielsweise in vielen Fällen kaum oder gar nicht zu den Stammesgruppen im Landesinnern durchsickerten. Andererseits haben bewaffnete innere Auseinandersetzungen, Wandel im Siedlungsmuster und jahrhundertealte Handelsbeziehungen mitunter die Grenzen zwischen einzelnen Volksgruppen verwischt.

Aufgrund dieser Entwicklungen umfaßt die ethnische Gliederung Borneos im 20. Jahrhundert ein breites Spektrum von Gruppen, die nicht immer eindeutig gegeneinander abzugrenzen sind. Sprachgrenzen beispielsweise müssen keineswegs gleichbedeutend mit kulturellen Grenzen sein. So teilen etwa viele Bewohner Borneos eine sehr ähnliche Lebensweise, sprechen jedoch ganz unterschiedliche Sprachen, während andere zwar dieselbe Sprache sprechen, sich aber kulturell stark unterscheiden. Für Anthropologen ist Borneo deshalb ein unerschöpfliches Gebiet, aber auch ein Stolperstein, wenn es darum geht, die Inselbewohner eindeutig zu klassifizieren. In vielen Fällen sind die Namen, mit denen heute bestimmte Stämme und Volksgruppen bezeichnet werden, Benennungen, die *andere* Stämme und Volksgruppen oder die ehemalige Kolonialverwaltung ihnen gaben.

Zudem werden zahlreiche früher gebräuchliche Namen heute nicht mehr benutzt. Beim Lesen alter Bücher über Borneo kann es reichlich Detektivarbeit erfordern, will man herausfinden, auf welche Volksgruppe sich der Autor bezieht. Heute gängige Namen mögen zwar gewisse Charakteristika widerspiegeln, sind jedoch im

Grunde willkürlich. Erschwerend kommt hinzu, daß es auf Borneo schon immer zu einer Vermischung durch Eheschließungen gekommen ist. Mittlerweile wirken sich große Entfernungen, sprachliche und kulturelle Unterschiede immer weniger trennend aus. Trotzdem mag es hilfreich sein, die Bevölkerung Borneos in fünf grobe Kategorien einzuteilen: die überwiegend muslimischen Gesellschaften an den Küsten; die in der Regel nichtmuslimischen Bauern im Binnenland; die Nomaden, auch Penan genannt; die Chinesen; und schließlich die asiatischen Einwanderer anderer Nationalität.

### DIE GEGENWÄRTIGE BEVÖLKERUNG

Die Bevölkerung Borneos zahlenmäßig in die einzelnen ethnischen Gruppen aufzuschlüsseln ist unmöglich, und selbst ihre Gesamtzahl ist nicht mit letzter Genauigkeit zu bestimmen. In unterschiedlichen Quellen finden sich verschiedene Klassifizierungen und Zahlen. Herausfiltern läßt sich etwa, daß im Jahr 1990 mindestens 13 Millionen Menschen auf Borneo lebten; rund 66 Prozent der Gesamtbevölkerung sind muslimischen Glaubens (hauptsächlich an Küsten und Flüssen sowie in den Städten), 29 Prozent Nichtmuslime einheimischer Abstammung (hauptsächlich Bauern im Binnenland und ehemalige Nomaden sowie Menschen, die es in die Städte gezogen hat oder die im Staatsdienst arbeiten) und 5 Prozent Chinesen. Die Nomaden machen nur einen winzigen Prozentsatz aus. Diese grobe Übersicht sagt jedoch nichts über die beträchtlichen regionalen Unterschiede aus. So sind beispielsweise über 25 Prozent der Bevölkerung Sarawaks Chinesen, während nur eine kleine Minderheit in Kalimantan in diese Kategorie fällt. Ebenfalls nicht berücksichtigt sind in dieser Übersicht Einwanderer aus Indonesien und von den Philippinen, die meist in Kalimantan und Sabah leben und auf gut eine Million geschätzt werden.

### DIE KÜSTENBEWOHNER

Die Küstenbewohner Borneos sind überwiegend Muslime. Zu ihnen gehören Fischer in entlegenen Dörfern ebenso wie wichtige Entscheidungsträger in den Regierungen. Ihre gemeinsame Religion und häufige Heiraten zwischen unterschiedlichen Volks- und Sprachgruppen haben zu einer ständigen Vermischung zwischen muslimischen Küstenbewohnern geführt. In jüngster Zeit wurde dieser Prozeß noch durch die zunehmende Verstädterung und den Bau von

Straßen sowie durch die Einwanderung aus Nachbarländern beschleunigt. Die Muslime der Küstenzonen betrachten sich zunehmend in erster Linie als Malaien und erst in zweiter Linie als Angehörige einer bestimmten ethnischen oder sprachlichen Gruppe. Von wenigen Ausnahmen abgesehen, gelten die Muslime an den Küsten und Flüssen Kalimantans und Sarawaks schon lange als Malaien, und so weisen sie von Ort zu Ort keine entscheidenden kulturellen Unterschiede auf. Ihre Vorfahren sind aus einer Vermischung von ortsansässigen Eingeborenen (vor allem in Westkalimantan), frühen nichtmuslimischen Einwanderern aus Java und Sumatra, die von Kaufleuten zum Islam bekehrt wurden (vor allem in Südkalimantan) und muslimischen Einwanderern der vergangenen fünf Jahrhunderte (vor allem in Ostkalimantan) hervorgegangen. Einige muslimische Gruppen, vor allem in Sabah und im Norden Sarawaks, blicken jedoch noch immer mit Stolz auf ihre spezifische kulturelle Identität zurück.

### Die Suluk

Die historisch dominierende Gruppe muslimischer Bewohner der Küsten und vorgelagerten Inseln von Nord- und Nordwestborneo waren die Suluk, die sich selbst als Tau Sug bezeichnen. Sie stammen vermutlich von der Insel Jolo auf den südlichen Philippinen, von der aus das einst so mächtige Sultanat Sulu regiert wurde. Vor zwei Jahrhunderten beherrschten die Suluk den Handel im Bereich der südlichen Philippinen und Nordostborneos. Die heutige Grenze zwischen Sabah und den Philippinen verläuft mitten durch den traditionellen Machtbereich der Suluk. Soziale Unruhen auf den südlichen Philippinen haben in den vergangenen Jahrzehnten zur Auswanderung von Angehörigen aller ethnischen Gruppen, vor allem aber der zahlenmäßig dominierenden Suluk, aus diesem Gebiet nach Sabah geführt. Das uneinheitliche äußere Erscheinungsbild der Suluk spiegelt ihre frühere Tätigkeit als Händler, auch als Sklavenhändler, wider; so findet man beispielsweise bei einigen von ihnen Gesichtszüge, die auf arabische Vorfahren schließen lassen. Seit jeher sind die Suluk für ihre lange, farbenprächtige Kleidung bekannt.

### Die Bajau der Ostküste

An der Küste Ostborneos und auf vielen der vorgelagerten Inseln zwischen Borneo und den Philippinen lebt eine andere Volksgruppe, die sogenannten Ostküsten-Bajau. Wie die Suluk konzentrierten sie sich in früherer Zeit auf Nordost-

borneo und den südlichen Philippinen. Die Ostküsten-Bajau gliedern sich in zwei Haupt- und zahlreiche Untergruppen mit verschiedenen Dialekten und Lebensweisen. Die an der Küste oder weiter landeinwärts lebenden Bajau Sama sind Muslime und haben in den vergangenen Jahrzehnten zunehmend eine städtische oder bäuerliche Lebensweise angenommen. Die Bajau Laut oder Samal hingegen sind überwiegend Nichtmuslime; sie leben auf Booten und betreten noch heute nur selten für längere Zeit festen Boden. Die Gesellschaft der Bajau Laut besteht aus Familienverbänden, von denen jeder sein eigenes Boot besitzt; sie kommt ohne formelle Gemeindeoberhäupter aus.

In der Vergangenheit spielten die Bajau mit ihrer nomadischen Lebensweise im Wirtschaftsleben der Küstenzone in gewisser Weise eine ähnliche Rolle wie die Penan in den Wäldern. Gemeinsam mit den Suluk bildeten die Bajau Sama und die Bajau Laut im 18. und 19. Jahrhundert eine faszinierende Lebensgemeinschaft mit wechselseitigen Abhängigkeiten. Die Suluk galten dabei als uneingeschränkte Herrscher der Region. Einige Bajau Sama wiederum unternahmen Jahr für Jahr zwischen Mai und November weitreichende Beutezüge auf der Suche nach Sklaven, die sie nach ihrer Rückkehr an die Suluk verkauften. Andere spezialisierten sich auf die Salzgewinnung. Dazu wurden an der Küste große Holzfeuer entzündet, über die man wiederholt Seewasser goß. Das dabei gewonnene Salz verkaufte man an die Suluk, die es ihrerseits zu Siedlungen von Eingeborenen an den Flüssen Ostborneos weitertransportierten, wo sie das Salz gegen Erzeugnisse des Waldes eintauschten. Nach Beobachtungen europäischer Abenteurer, die im 18. Jahrhundert an der Ostküste Borneos entlangsegelten, beschäftigten sich die Bajau Laut im wesentlichen mit der Fischerei, dem Ernten von Meerestieren, wie etwa Seegurken, und dem Tauchen nach Perlen und Perlmutt.

### Die Volksgruppen der Idahan, der Tidung und der Kokosinsulaner

In der Umgebung von Lahad Datu in Ostsabah leben die Idahan, die berechtigt sind, die eßbaren Vogelnester aus den Madai-Höhlen zu sammeln. Die Idahan stammen eigenen Angaben zufolge von den ersten islamischen Konvertiten auf Borneo ab. Eine weitere Volksgruppe der Küstenregion bilden die im südöstlichen Sabah und im nordöstlichen Kalimantan lebenden Tidung. In den 70er Jahren des 18. Jahrhunderts stellte

*Ausleger-Segelboote der Bajau Laut.*

der britische Abenteurer Thomas Forrest fest, daß die Tidung an den Unterläufen der Flüsse im Nordosten Kalimantans heidnische Sklavenjäger waren. Heute bekennen sie sich, wohl infolge ihrer Kontakte zum Sultanat Sulu im 19. Jahrhundert, mehrheitlich zum Islam. Die Kokosinsulaner im Osten Sabahs, die heute als Einheimische gelten, sind erst nach 1949 von den Kokosinseln im Indischen Ozean auf Borneo eingetroffen.

### Die Orang Sungai

Im 19. Jahrhundert wurden die an den Flüssen Nordborneos lebenden Menschen, die vom Anbau von Bergreis auf den fruchtbaren Terrassen am Flußufer sowie von Fischfang, Jagd und Handel lebten, von europäischen Reisenden mit Namen wie Idahan, Eraan, Buludupy oder Sabahan bedacht. Im allgemeinen nahmen die am nächsten am Meer lebenden Gemeinschaften als erste den Glauben der Muslime an, während weiter flußaufwärts der Prozeß der Konversion von

traditionellen Religionen zum Islam sehr viel zäher vonstatten ging und noch immer andauert. In Sabah bezeichnet man heute die an Flüssen lebenden Menschen, die weder zu den küstennahen Muslimen noch zu den Bauern im Binnenland zu rechnen sind, als Orang Sungai („Flußmenschen"). Die Orang Sungai bedienen sich verschiedener Sprachen und Dialekte.

### Die Bugi

Von ihrer alten Heimat im Süden Sulawesis aus entwickelten sich die Bugi schon früh zu den berühmtesten eingeborenen Seefahrern und Kaufleuten des gesamten Malaiischen Archipels. Frauen wie Männer der eher kleingewachsenen Bugi tragen traditionell Sarongs anstelle von Hosen. Schon vor Ankunft der ersten Europäer hatten die Bugi ihr eigenes Alphabet. Auf ihren Handelsfahrten deckten sie das Gebiet der heutigen Philippinen und Indonesiens ab und erreichten sogar Neuguinea, Nordaustralien und das südostasiatische Festland. Im 18. Jahrhundert unterhielten sie mehrere Handelsniederlassungen an der Ostküste Borneos. Damals handelten

sie mit Stoffen, Nahrungsmitteln, Gewürzen, Schießpulver, Musketen, Opium und Sklaven. Im Jahr 1726 eroberte ein Adliger der Bugi Kutai und Pasir im heutigen Ostkalimantan und ließ sich zum Sultan von Kutai ausrufen. Um 1730 gründeten Auswanderer der Bugi Samarinda, die heutige Hauptstadt Ostkalimantans. Von dieser Zeit an sind Kaufleute der Bugi an den Flüssen der Ostküste Borneos immer weiter flußaufwärts vorgedrungen – ein Prozeß, der heute noch andauert. In Sabah, wo aufgrund des Arbeitskräftemangels in den vergangenen Jahrzehnten viele Indonesier eingewandert sind, gibt es in ländlichen wie in städtischen Gebieten zahlreiche Siedlungen der Bugi, die großenteils längst als Einheimische gelten.

### Die Bajau von Kota Belud

Die Herkunft der auf dem Land in der Küstenebene um Kota Belud im Nordwesten Sabahs lebenden Bajau liegt weitgehend im dunkeln. Zweifellos haben sie einen sehr eigenständigen Charakter. Sie züchten und reiten Pferde und halten Rinder- und Büffelherden, und nicht ohne

Grund werden sie in der volkstümlichen Literatur als die „Cowboys des Ostens" bezeichnet. Manche Wissenschaftler nehmen an, daß sie als Kaufleute von der Malaiischen Halbinsel einwanderten, während andere Forscher Verbindungen zu den Philippinen herstellen. Einer alten Geschichte zufolge stammen ihre Pferde von einem gestrandeten Schiff des Mongolenherrschers Kublai Khan, der um das Jahr 1290 n. Chr. seinen Einflußbereich bis ins heutige Indonesien ausweitete. Plausibler erscheint allerdings die Erklärung, daß das Pferd von den Spaniern über die Philippinen nach Borneo kam. Die weiter im Süden nahe Kota Kinabalu, der Hauptstadt des heutigen Sabah, lebenden Bajau halten keine größeren Viehherden. Viele bauen ihre Häuser entsprechend der Tradition muslimischer Fischerdörfer an der Küste über dem Wasser.

### Die Illanun

In unmittelbarer Nachbarschaft zu den Bajau von Kota Belud leben die Illanun, auch Iranun genannt – eine weitere muslimische Volksgruppe der Küstenzone, die von der philippinischen Insel Mindanao stammt. Ihre erste bedeutende Siedlung in Sabah sollen die Illanun in den 60er Jahren des 18. Jahrhunderts nach einem verheerenden Vulkanausbruch in ihrer Heimat gegründet haben. Zu Beginn des vergangenen Jahrhunderts waren die Illanun allseits gefürchtete Piraten und Sklavenjäger. So heißt denn auch der malaiische Ausdruck für Pirat *lanun,* was von Illanun abgeleitet sein könnte.

### Die Brunei-Malaien

Obwohl sie aus historischer Sicht ein Mischvolk darstellen, sind die Brunei-Malaien hinsichtlich Dialekt, Brauchtum und geographischer Verbreitung sehr wohl eine eigenständige Gruppe. Sie leben ausschließlich im Küstenbereich von Brunei Darussalam, im Südwesten Sabahs und im nördlichsten Teil Sarawaks. Die Brunei-Malaien sind sehr religiös, auch wenn in einzelnen Aspekten ihrer Kultur noch Spuren einer prä-islamischen Gesellschaft erhalten geblieben sind. So haben sie beispielsweise, ähnlich wie einige bäuerliche Volksgruppen im Landesinnern, ein erbliches Königtum; die nächste Stufe in der Hierarchie bildet eine Schicht vornehmer Familien, die mit dem Sultan verwandt sind, und unter diesen kommt schließlich das gemeine Volk. Früher waren die Brunei-Malaien überwiegend Fischer, Handwerker und Kaufleute; heute bekleiden viele von ihnen Verwaltungsposten. Die muslimischen Kedayan von Brunei und dem süd-

westlichen Sabah gelten als eigenständiges Volk; ihre Kultur ist eng mit dem Reisanbau verknüpft.

### Die Melanau

Diese sehr heterogene Volksgruppe, deren Mitglieder bestimmte Dialekte innerhalb derselben Sprachgruppe gemeinsam haben, leben in der sumpfigen Küstenzone zwischen den Unterläufen der Flüsse Rajang und Kemena in Sarawak. Mehrheitlich sind sie Muslime, doch gibt es unter ihnen auch Christen und Anhänger ihrer traditionellen Religion. Wie frühe europäische Besucher Borneos berichteten, pflegten die Melanau den Brauch, ihre Köpfe abzuflachen, indem sie ihren Kindern eine hölzerne Vorrichtung an der Stirn befestigten. Wie die meisten Küstenbewohner bevorzugen auch die Melanau lange, locker sitzende Kleidung. Traditionsgemäß bauen sie noch heute die Sagopalme an, die einst große Flächen der küstennahen Sümpfe Westborneos beherrschte. Die Ernte und Weiterverarbeitung des Marks der Sagopalme geschieht in Familienbetrieben. Die Sagopalme versorgte nicht nur die Pflanzer mit Kohlenhydraten; bereits zur Zeit der ersten chinesischen Kaufleute stellte sie auch eines der wichtigsten Handelsgüter Westborneos dar. Die Steuern auf den Sago der Melanau trugen nicht unerheblich zum Reichtum des Sultanats Brunei

*Diese Kinder singen bei einer malaiischen Hochzeit auf Sarawak zum Rhythmus der Kompang, die aus einem mit Ziegenfell bespannten hölzernen Rahmen besteht.*

bei. Nach der Abtretung von Ländereien im Norden Sarawaks durch den Sultan von Brunei in der zweiten Hälfte des 19. Jahrhunderts war die Sagoproduktion der Melanau auch für die Regierung des „Radscha" Brooke von großer wirtschaftlicher Bedeutung. Noch bis in die späten 40er Jahre unseres Jahrhunderts war Sago der viertwichtigste Wirtschaftszweig Sarawaks. Der weltweite Trend zur Massenproduktion von Nahrungsmitteln nach dem Zweiten Weltkrieg und der Verfall der Preise für Stärkemehl hat jedoch zu einem drastischen Produktionsrückgang in der Sagoindustrie der Melanau geführt.

Die Wirtschaft der nichtmuslimischen Volksgruppe der Kajang im Distrikt Belaga, die derselben Abstammung sind wie die Melanau, beruht ebenfalls auf der Sagopalme. Bekannt ist die Kultur der Kajang ebenso wie die der Melanau vor allem durch ihren Brauch, die Toten in Grabhütten auf mit Schnitzereien versehenen Eisenholzpfählen zu bestatten (bei den Kajang *keliring,* bei den Melanau *jerunai* genannt), die sie nahe dem Dorfzentrum aufstellen.

*Ein Dorf der Melanau in Mukah, Sarawak.*

## Die Bauern im Landesinnern

Das Gewirr von Sprachen, Dialekten und Kulturen bei den Bauern im Landesinnern hat zur Folge, daß eine eindeutige Klassifizierung praktisch nicht möglich ist. Der Begriff Dayak, mit dem die europäischen Forscher des 19. Jahrhunderts die nichtmuslimischen Bauern des Landesinnern bezeichneten, ist in Kalimantan noch immer geläufig. Er wird heute sogar bewußt von Angehörigen dieser Bevölkerungsgruppe als eine Art Symbol für ihr Bestreben verwendet, in einer überwiegend muslimischen und immer homogener werdenden Nation ihr eigenständiges kulturelles Erbe zu erhalten. In Sarawak wird der Begriff seltener benutzt, in Sabah nie. Seine ansonsten häufige Verwendung verstellt jedoch leicht den Blick auf die Tatsache, daß unter dem Namen Dayak mehrere völlig unterschiedliche Völker und Stämme zusammengefaßt werden.

Aufgrund von sprachlichen und kulturellen Ähnlichkeiten lassen sich sieben Hauptgruppen im Landesinnern beheimateter Bauern unterscheiden: die Iban (früher als See-Dayak bezeichnet), die Bidayuh (Land-Dayak), die Kenyah und Kayan (zusammen auch: Bahau), die Maloh, die Barito, die Kelabit-Lun-Bawang-Volksgruppe und die der Dusun-Kadazan-Murut. Infolge wiederholter kriegerischer Auseinandersetzungen zwischen den Stämmen sowie früherer Wanderbewegungen überschneidet sich das Verbreitungsgebiet mehrerer dieser Gruppen in Zentralborneo; zudem gibt es auch noch zahlreiche kleinere Volksgruppen. Die wirtschaftliche Grundlage der meisten dieser Völker und Stämme der Dayak ist der Anbau von Bergreis; vor Beginn dieses Jahrhunderts pflanzten einige auch Sagopalmen und Sumpfreis.

### Langhäuser

Fast alle genannten Volksgruppen lebten früher in Langhäusern. Die auf bis zu 12 m hohen Pfählen gebauten und bis zu 300 m langen Häuser, in denen zum Teil über 100 Familien wohnten, eigneten sich besonders für die kriegerischen Zeiten der vergangenen Jahrhunderte, da sie auch als Festung zu gebrauchen waren. Die heutigen Langhäuser sind zwar im allgemeinen kleiner und niedriger, ihre Bauweise aber ist ansonsten gleich geblieben: Getrennte Räume für jede Familie sorgen für ein gewisses Maß an Privatsphäre, während alle gesellschaftlichen Aktivitäten der Stammesgruppe in einem großen Gemeinschaftsraum stattfinden.

Während einige Gruppen der Dayak bis heute große Langhäuser als unverzichtbaren Bestandteil ihrer Kultur betrachten, haben andere diese Bau- und Lebensweise mittlerweile zugunsten von Einfamilienhäusern aufgegeben. In Sabah und Sarawak war dies wohl auch eine Folge des relativ friedlichen Zusammenlebens der einzelnen Volksgruppen seit dem Ende des 19. Jahrhunderts; die Regierung jedenfalls versuchte nie, die Dayak zur Aufgabe ihrer Langhäuser zu bewegen. In Kalimantan hingegen förderte die indonesische Regierung in den 50er und 60er Jah-

Oben: *Ein Langhaus der Iban. Das Dach ist mit Palmblättern gedeckt, die Wände bestehen aus Holz, Rinde und Bambus.*

Rechts: *Ankunft an einem Langhaus am Oberlauf des Rajang. Erst werden die Füße gewaschen, bevor man die Treppe zum Gebäude hinaufklettert, das oberhalb des höchstmöglichen Wasserstands auf einem fruchtbaren Uferstreifen steht.*

Gegenüber: *Essenszeit für die Männer im großen Gemeinschaftsraum eines Langhauses. In Bananenblättern wird gedünsteter Reis serviert. Die Schüsseln enthalten Fleisch- und Fischgerichte.*

ren den Umzug in Einzelhäuser, doch seit Ende der 70er Jahre unterstützt man dort auch offiziell wieder die Beibehaltung der Langhäuser.

Die Reiseveranstalter erkannten recht schnell den touristischen Wert der Langhäuser, von denen viele heute auf dem Landweg oder über den Fluß recht gut zugänglich sind. Auch wenn der Besucher weitgehend vergeblich nach den althergebrachten Lebensweisen suchen wird, kann er, sofern er die üblichen Regeln der Höflichkeit befolgt, auf die Gastfreundschaft der Bewohner zählen – und darf womöglich sogar in einem Langhaus übernachten.

## Traditionelle Glaubensvorstellungen der Volksgruppen im Landesinnern

Die traditionellen Religionen der bäuerlichen Bevölkerung sind recht verschieden, haben jedoch alle den Glauben an gute und böse Geister gemeinsam. Viele Volksgruppen glauben auch an Omen und insbesondere daran, daß die Rufe und Bewegungen bestimmter wildlebender Vögel den Menschen vor schädlichen Handlungen warnen sollen. Verschiedene Aspekte der einzelnen Kulturen, wie etwa Holzschnitzereien, spielen in den Glaubensvorstellungen der Eingeborenen eine wichtige Rolle. Auch die von den europäischen Regierungen verbotene Kopfjagd hatte für einige Stämme religiöse Bedeutung. In verschiedenen Gebieten Kalimantans ließen sich Dayak während der Herrschaft der Niederländer zum Christentum bekehren, doch hat sich dies nach dem Zweiten Weltkrieg geändert. In Indonesien fordert die offizielle staatliche Politik unter dem Stichwort *Pancasila* von allen Bürgern, daß sie an *einen* Gott glauben; in der Praxis gibt man sich allerdings flexibel, so daß beispielsweise der Glauben der Dayak Südborneos – im wesentlichen die traditionelle Religion der Ngaju, vermischt mit Elementen des balinesischen Hinduismus und des Christentums – von der indonesischen Regierung toleriert wird. In Sarawak und Sabah wurden viele Eingeborene nach dem Zweiten Weltkrieg zum Christentum bekehrt. Übertritte zum Islam waren unter den Kleinbauern des Landesinnern seltener, was zum Teil auch daran lag, daß sie zur Deckung des Eiweiß- und Fettbedarfs auf bestimmte Arten wildlebender Tiere angewiesen waren, deren Verzehr einem Moslem nicht gestattet ist.

## Die Iban

Die Iban sind die größte Volksgruppe von Kleinbauern im Binnenland Borneos. Nachdem sie noch Mitte des 16. Jahrhunderts offenbar aus-

*Einige Volksgruppen im Hochland Zentralborneos errichten kunstvoll gestaltete Grabhütten für hochrangige Stammesangehörige. Diese auf massiven Pfählen stehenden sogenannten Salongs sind mit teils geschnitzten und teils aufgemalten Mustern verziert.*

schließlich am Oberlauf des Kapuas gelebt hatten, breiteten sie sich bis etwa 1800 zunächst recht langsam ins südliche Sarawak aus. Während des ganzen 19. Jahrhunderts drangen sie dann mit aller Macht durch das Einzugsgebiet des Rajang bis zum Unterlauf des Baram nach Norden vor. Im 20. Jahrhundert zogen Gruppen der Iban weiter in den nördlichen Teil Sarawaks und nach Brunei Darussalam. Die Iban-Bevölkerung Sarawaks ist deshalb noch relativ jung und kulturell homogen. In Kalimantan hingegen, wo die Iban schon länger heimisch sind, haben sie sich in Volksgruppen wie die Kantu, die Sebruang, die Bugau, die Mualang und die Desa aufgespalten. Frühe europäische Berichterstatter wiesen gern auf die körperlichen Vorzüge der Iban, etwa die wohlproportionierte, zierliche Erscheinung sowie den eleganten Gang, hin. Die langen Haare und abgefeilten Zähne, die den frühen Reisenden ebenfalls auffielen, gehören mittlerweile der Vergangenheit an, und auch der Brauch, sich den Körper zu tätowieren, stirbt allmählich aus.

Die Frage, warum es zu der enormen Ausbreitung der Iban nach Sarawak kam, gibt den Anthropologen noch immer Rätsel auf. Eine mögliche Erklärung könnte die Tatsache liefern, daß die Gesellschaft der Iban sehr egalitär aus-

gerichtet ist und anders als andere Gesellschaften auf Borneo großen Wert auf Individualismus, Mut und Unternehmungsgeist legt; von jungen Männern wird erwartet, daß sie längere Zeit in der Welt umherziehen, bevor sie sich häuslich niederlassen. Wenngleich viele Iban heute Christen sind, spielen traditionelle Glaubensvorstellungen und Gebräuche für sie noch immer eine wichtige Rolle. Dazu zählt auch die Verehrung ihrer legendären Helden und Gottheiten, das Erzählen von Geschichten, der Glaube an Vogel-Omen (der Rhinozerosvogel wird als heilig verehrt) sowie jährlich stattfindende Feste (*Gawai*) mit traditioneller Tracht, Tanz und Reiswein.

## Die Bidayuh

Die im Süden Sarawaks und im Norden Westkalimantans lebenden Bidayuh sind eine recht heterogene Gruppe von Stämmen, die durch eine ähnliche Sprache miteinander verbunden sind. Wie die Iban haben auch die Bidayuh eine egalitäre Gesellschaft – allerdings eine, die schon immer weit weniger Wert auf die Zurschaustellung individueller Tugenden oder militärischer Macht legte. Ihre Stärke ist der Pragmatismus. Einige ihrer Dorfgemeinschaften zogen eng beieinanderstehende Einzelhäuser vor, während andere in Langhäusern lebten, die für die auf Borneo üblichen Verhältnisse allerdings eher klein waren. Früher verfügten alle Dörfer der Bidayuh über ein zentrales Gemeinschaftsgebäude, das sogenannte *baruk,* das die Männer des Stammes zum Diskutieren und Geschichtenerzählen, zur Unterhaltung und zum Handeln, zum Veranstalten von Festen, zum Schlichten von Streitigkeiten und zur Anfertigung persönlicher Besitztümer nutzten.

## Die Volksgruppe der Kayan-Kenyah

Ihren eigenen Überlieferungen zufolge, die über viele Generationen mündlich weitergegeben wurden, stammt die Volksgruppe der Kayan und Kenyah aus dem Gebiet um Apo Kayan in Ostkalimantan. Im 18. und 19. Jahrhundert spalteten sich die Kayan ab und zogen in alle Himmelsrichtungen, unter anderem nach Sarawak sowie zu den Flüssen Mahakam und Kapuas. Heute gibt es zahlreiche, über ein weites Gebiet verstreute Gruppen von Kayan mit einer noch immer sehr ähnlichen Sprache und Kultur. Typisch für das Äußere sowohl der Kayan als auch der Kenyah ist ihre helle Hautfarbe und ihr breites Gesicht. Ältere Frauen haben meist durchstochene, mit Hilfe schwerer Metallringe in die Länge gezogene Ohrläppchen. Zur Volksgruppe der Kayan gehören auch die am Mahakam ansässigen Modang sowie die Segai im nordöstlichen Kalimantan; letztere sind heute eine friedliche Minderheit, nachdem sie noch Mitte des 19. Jahrhunderts bis zum Kinabatangan in Sabah wegen ihrer Raubzüge gefürchtet waren.

Die Kenyah unterscheiden sich untereinander in sprachlicher und kultureller Hinsicht sehr viel stärker als die Kayan. Woher sie stammen, ist nicht bekannt, doch deutet vieles auf die Gegend am Oberlauf des Kayan hin. Vermutlich Anfang des 19. Jahrhunderts lösten sie die Kayan als dominante Volksgruppe des Gebiets um Apo Kayan ab; darüber hinaus stößt man im ganzen nördlichen Teil des Landesinnern von Borneo auf Dörfer der Kenyah.

Die Kayan und Kenyah gehörten einst einer extrem hierarchisch gegliederten Feudalgesellschaft an, die aus zwei Adelsschichten, einer oder zwei Klassen gewöhnlichen Volkes sowie einer Sklavenschicht bestand. Der jeweilige Status des einzelnen war erblich. Das zahlenmäßig dominierende gemeine Volk war verpflichtet, den oberen Schichten ihre Arbeitskraft sowie Waren und Lebensmittel zur Verfügung zu stellen, während die Adligen sich um den Schutz der Gemeinschaft und religiöse Angelegenheiten zu kümmern hatten. Der feudale Charakter der Gesellschaft der Kayan und Kenyah hat sich in diesem Jahrhundert nach der Abschaffung der Sklaverei und der Verbreitung des Christentums stark abgeschwächt. Das Langhaus der Kayan und Kenyah ist ein stabiles, sehr eindrucksvolles Gebäude, das mindestens 2 m über dem Boden auf massiven Eisenholzpfählen ruht und mit Eisenholzschindeln gedeckt ist.

Am unteren Abschnitt des Flusses Baram im Norden Sarawaks lebt der Stamm der Berawan, die als verwandt mit den Kenyah gelten. Zwischen Kayan und Kenyah wohnen die Ngurek, die seit alters her ihre Toten in steinernen Mausoleen bestatten.

### Die Maloh

Die Volksgruppe der Maloh oder Embaloh, zu der auch die Untergruppen der Taman und Kali gehören, die in ihrer Heimat im Innern Westkalimantans zusammen unter dem Namen Banuaka bekannt sind, haben eine in verschiedene Schichten gegliederte Gesellschaft. Schon früher, als die Stämme in Innern Borneos häufiger ihren Wohnort zu wechseln pflegten, waren die Maloh ein relativ seßhaftes Volk; sie bauten in der weiten Ebene am Oberlauf des Kapuas Reis an und zählten zu den wichtigsten einhei-

*Eine Frau der Kayan-Kenyah-Volksgruppe. Die gedehnten Ohrläppchen, die als Schönheits- und Statussymbol dienen, sind bei jüngeren Frauen nur noch selten zu sehen.*

mischen Kaufleuten in diesem Teil Borneos. Viele Stammesangehörige der Maloh spezialisierten sich auf kunsthandwerkliche Arbeiten aus Metallen und Glasperlen oder auf Malerei oder Holzschnitzereien. In der Vergangenheit waren diejenigen Volksgruppen, die Gold und Silber bearbeiten konnten, die einzigen, die beiderseitig befriedigende Beziehungen zu den in derselben Gegend lebenden Iban unterhielten.

### Die Barito

Die Volksgruppe der Barito umfaßt eine ganze Reihe von Stämmen, die über den größten Teil Zentralkalimantans und angrenzende Teile von West-, Süd- und Ostkalimantan verteilt sind. Die zahlenmäßig bedeutendste Untergruppe bilden die Ngaju, gefolgt von den Ot Danum. Weitere Untergruppen der Barito sind die Tamoan, Sabuang, Ma'anyan, Lawangan, Bukit, Tunjung, Benuaq, Bentian, Siang, Murung, Tebidah, Kebahan und Limbai. Die einzelnen Gruppen der Barito unterscheiden sich zwar in ihrem äußeren Erscheinungsbild und ihrem Körperschmuck, tendieren jedoch alle in bezug auf Schmuck und Kleidung traditionsgemäß zu großer Farbenpracht und einem gewissen Prunk. Die meisten Gruppen leben in Langhäusern und kennen von jeher in ihrer Gesellschaft eine klare soziale Schichtung. Alle Barito halten komplizierte Bestattungszeremonien ab, bei denen oft ein Büffel oder ein Schwein (früher war es ein Sklave) auf mit Schnitzereien verzierten Eisenholzpfählen geopfert wird. Teilweise gibt es noch eine zweite Totenfeier, bei der die Knochen oder die Asche des Verstorbenen in große Krüge gefüllt oder in speziellen Grabstätten beigesetzt werden. Sowohl die spirituellen als auch die mit ihnen verbundenen materiellen Aspekte ihrer Kultur sind sehr vielfältig.

### Die Volksgruppe der Kelabit und der Lun Bawang

Diese Gruppe lebt in einem Gebiet, in dessen Mittelpunkt Sarawak, Ostkalimantan, Sabah und Brunei aneinandergrenzen. Im Kelabit-Hochland von Sarawak und im Kerayan-Hochland Ostkalimantans legten Teile dieser Volksgruppe schon vor langer Zeit auf unfruchtbaren sandigen Talböden Bewässerungssysteme für Sumpfreis an, und zwar unabhängig von der Entwicklung des Sumpfreisanbaus in den küstennahen Sümpfen anderswo auf Borneo. Die robusten Menschen dieser entlegenen Gebiete, von denen viele sehr ausdrucksstarke Gesichtszüge aufweisen, hielten schon in einem sehr frühen Stadium ihrer Geschichte Büffel und entwickelten bereits vor langer Zeit eine Methode der Gewinnung von Salz aus natürlichen Mineralquellen, wodurch sie weniger als die anderen Volksgruppen im Innern Borneos vom Handel mit den Küstenbewohnern abhängig waren. Die Untergruppe der Lun Bawang bewohnt das niedriger gelegene Küstengebiet im Norden Sarawaks. In Ostkalimantan und Sabah werden sie Lun Dayeh genannt.

### Die Volksgruppe der Dusun, Kadazan und Murut

Die einzelnen Stämme dieser Gruppe können als nahe Verwandte betrachtet werden, da ihre Sprachen mit denen der südlichen Philippinen verwandt sind und sie alle ziemlich genau auf dem Staatsgebiet von Sabah leben. In Sabah jedoch unterscheidet man zwischen den Dusun und Kadazan einerseits und den Murut andererseits, deren Gebiete ausschließlich im Südwesten und im Grenzgebiet zwischen Sabah und Kalimantan liegen. Die Volksgruppe als Ganzes umfaßt Gemeinschaften an Flüssen des Tieflands, auf Ebenen sowie in bis zu 1300 m Höhe an den südlichen Hängen des Gunung Kinabalu. Mit Ausnahme der Ebenen an der Westküste, wo Sumpfreis angebaut wird, bevorzugen die Angehörigen dieser Volksgruppe noch immer den Anbau von Bergreis. Bei den Dusun und Kada-

*Eine Rungus-Frau aus Kudat mit Schmuck aus Kupferspiralen und Glasperlenketten, wie ihn weibliche Angehörige dieser Dusun-Volksgruppe traditionell tragen.*

zan wurde das Langhaus bereits zu der Zeit, als die ersten Europäer ins Land kamen, durch Einzelhäuser ersetzt, während es bei den meisten Murut-Gemeinden noch vor wenigen Jahrzehnten gebräuchlich war.

Der Stamm der Rungus an der Nordspitze Sabahs nimmt insofern innerhalb der Dusun-Kadazan-Volksgruppe eine Sonderstellung ein, als seine Mitglieder noch immer Langhäuser bauen und ihr Schmuck im wesentlichen aus

Glasperlen und Kupfersachen besteht. Vor zwei Jahrhunderten war ihr Territorium eines der Zentren der Kampfergewinnung auf Borneo, doch mittlerweile ist die Landschaft dieses Gebiets mit Sekundärwäldern und Lallanggrasfluren bedeckt; letzteres dürfte auf die ungleichmäßige Verteilung der Niederschläge im Jahreszyklus und die vielen Trockenperioden und Waldbrände der vergangenen Jahrzehnte zurückzuführen sein.

Keine der Gesellschaften der Dusun, Kadazan und Murut weist eine soziale Schichtung auf, und im allgemeinen legen die Angehörigen dieser Stammesgruppe auch wenig Wert auf Materielles, wenngleich viele Gemeinschaften seit jeher alte chinesische Töpfe aus Steinzeug und Gongs aus Messing sehr schätzen.

## Andere Gruppen im Landesinnern

Neben den genannten gibt es noch zahlreiche andere, zahlenmäßig kleinere Bevölkerungsgruppen, die schlecht in die oben aufgeführte Klassifikation einzuordnen sind. Eine der größten diese Gruppen bilden die Bisaya, die in Brunei und im Tiefland Nordsarawaks überwiegend nichtmuslimisch, im Südwesten Sabahs dagegen muslimisch sind. Die einen wie die anderen sind relativ seßhaft; sie lebten schon immer in Einfamilienhäusern, bauen seit ewigen Zeiten Sumpfreis und Sagopalmen an und haben Medizinmänner und -frauen. Die Bisaya glauben, daß der ursprüngliche König von Brunei ihrem Volk entstammt; im heutigen Brunei werden sie jedoch Dusun oder Bukit genannt.

### DIE NOMADISCHEN PENAN

In den Wäldern im Innern Borneos leben schon seit langer Zeit nomadische Jäger und Sammler. Diese auffallend hellhäutigen, meist schlanken und nicht allzu muskulösen Menschen scheinen auf den ersten Blick wenig geeignet für das harte Leben in entlegenen Dschungelgebieten. Ihre Kleidung ist traditionsgemäß sehr spärlich und bietet keinen Schutz gegen die Stacheln, Äste und Felsen, die dem unerfahrenen Wanderer im Wald andauernd Kratzer und Schrammen zufügen. Die Nomaden der Waldgebiete Borneos werden heute meist als Penan oder Punan bezeichnet, aber auch als Bukit, Bukat, Bekatan, Ukit oder Ot. Die meisten einst nomadischen Gruppen sind mittlerweile als Kleinbauern seßhaft geworden, wobei eine Dorfgemeinschaft in der Regel zwischen 15 und 75 Personen umfaßt. In Sarawak sind nur noch knapp 4 Prozent der etwa 10 000 im Staat lebenden Penan echte Nomaden. Allen Penan gemeinsam ist, daß sie sich ganz oder weitestgehend vom Regenwald ernähren – und nicht etwa, daß sie sprachlich oder kulturell eine geschlossene Gruppe bilden.

Zu den merkwürdigeren Aspekten der Penan gehört ihre Verbreitung innerhalb Borneos. Im wesentlichen leben sie im zentralen Bergland, verteilt auf Sarawak, Brunei, Ostkalimantan und die inneren Teile von West- und Zentralkalimantan, nicht aber in Sabah und nur selten südlich des Äquators. Zu einem gewissen Grad wird ihr Lebensraum durch das Verbreitungsgebiet der wilden Sagopalme begrenzt, die einen Hauptbestandteil ihrer Nahrung darstellt – oder darstellte, sofern sie mittlerweile seßhaft sind. Zudem scheint ein Zusammenhang mit der Verbreitung der Kayan und Kenyah zu bestehen, die zu den ältesten Volksgruppen Borneos gehören und mit den Penan seit jeher enge Handelsbeziehungen pflegen.

Das Ernten der wilden Sagopalme ist typisch für die von den Penan praktizierte Philosophie einer langfristigen und nachhaltigen Nutzung pflanzlicher Erzeugnisse in ihrem Territorium. Die Palme wächst in Büscheln von mehreren Stämmen. Die Penan fällen von jeder Palme immer nur einen oder zwei Stämme auf einmal, um sicherzustellen, daß die Pflanze nicht abstirbt und immer wieder neue Stämme austreiben, die Nahrung für spätere Generationen liefern. Da die wilde Sagopalme an manchen Stellen in großer Zahl wächst, können an ein und demselben Ort viele Stämme gleichzeitig geerntet werden. Sie liefern zwei Arten von Nahrung: Von denen, die noch nicht geblüht haben, essen die Penan die relativ weichen, protein- und kohlenhydratreichen Blattknospen, während sie aus den Stämmen der Pflanzen, die bereits zu blühen begonnen haben, Stärke gewinnen. In letzterem Fall werden die gefällten Stämme in meterlange Abschnitte gesägt, die dann zu einer Verarbeitungsplattform in der Nähe eines Flusses getragen oder gerollt werden. Hier wird das Mark gehackt, gewaschen und schließlich zur Gewinnung von Stärke ausgepreßt.

Hinter der Liebe der Penan zu ihrer Lebensweise steckt das Ideal einer gepflegten, saubereren Umgebung und das Bestreben, harte Arbeit auf das Notwendigste zu begrenzen – Ziele, die nur durch ein Leben mit dem Regenwald erreichbar sind und nicht durch Raubbau am Wald. Eine Penan-Gruppe betrachtet jeden Baum in ihrer Reichweite als Eigentum der Gemeinschaft oder desjenigen, der ihn als erster entdeckt hat. Neben der Sagopalme gilt jeder Baum als nützlich, der eßbare Früchte trägt oder sich für die Herstellung von Arzneimitteln eignet. Anders als bei Pflanzen achten die Penan bei Tieren nicht so sehr auf eine langfristige Erhaltung ihrer Nahrungsquellen: Ein Jäger erlegt jedes Tier, das er bekommen kann – je größer, desto besser.

Die Dschungelpfade der Penan verlaufen wie die anderer Volksstämme im Innern Borneos nach Möglichkeit an Bergkämmen entlang, weil dies die Fortbewegung erleichtert. Die „Wartung" eines solchen Pfades geschieht, indem ein Penan ihn begeht und dabei Baumschößlinge, Zweige und Kletterpflanzen abhackt. Die Spuren, die er dabei hinterläßt, sind eine Art Schlüssel für diejenigen, die nach ihm denselben Weg gehen und dadurch erfahren, wohin sie ihre Schritte lenken müssen oder was zuvor hier ge-

*Eine Penan-Frau mit ihrem Kind in einem Tragegestell aus Rotang.*

schehen ist. Die wichtigsten Orientierungshilfen der Penan sind die Flüsse und Bäche. Die Namen der Wasserläufe gehen auf vergangene Ereignisse in ihrem Einzugsgebiet zurück, etwa auf den Tod eines Jagdhundes. Selbst winzigen Bächen geben die Penan einen Namen, um anderen Mitgliedern ihrer Sippschaft Wegbeschreibungen liefern zu können. Die Größe, Fließrichtung und Beschaffenheit eines Wasserlaufs stellen wichtige Informationen dar, ebenso die topographischen Merkmale zwischen Bächen oder Flüssen, die Entfernung vom Quellbiet und die Lage von auffälligen landschaftlichen Merkmalen wie etwa Felsen. Für einen Penan ist der Wald ein auf ganz bestimmte Weise angeordnetes Muster von Besitztümern, Ereignissen der Vergangenheit und Möglichkeiten für die Zukunft.

Die Vorstellung der Penan, das Land und den Wald als Ganzes lediglich zu *verwalten,* einzelne Bäume hingegen zu *besitzen,* ist schwer mit der Art und Weise vereinbar, wie in den meisten modernen Gesellschaften mit den natürlichen Ressourcen umgegangen wird. Die übliche Einstellung der Regierungen besteht darin, daß der einzelne Land nur dort besitzen kann, wo der Wald zugunsten einer anderen Nutzung gerodet worden ist, während mit natürlichem Wald bedecktes Land gemeinhin dem Staat gehört und somit alle Bäume, die auf diesem Land stehen, Eigentum der Regierung sind. Die Behandlung der Penan durch die Regierungen wird meist mißverstanden. Aus der – historisch durchaus begründeten – Sicht der Regierenden sollen und werden die letzten noch verbliebenen nomadischen Penan eines Tages zu seßhaften Bauern werden.

Tatsächlich sind die allermeisten Gruppierungen der Penan im Verlauf des 20. Jahrhunderts bereits ganz oder teilweise seßhaft geworden, und zwar nicht etwa im Zuge regierungsamtlich geplanter Aktionen, sondern durchaus freiwillig. Dies soll aber nicht heißen, daß die Seßhaftwerdung der Penan immer problemlos vonstatten geht; in manchen Fällen haben sich ihre Befürchtungen, zu landlosen Armen zu werden, leider bewahrheitet.

Bei einem 1991 abgehaltenen Seminar über die Entwicklung der Penan belegte eine Analyse verschiedener Penan-Siedlungen, daß für die erfolgreiche Ansiedlung nomadischer Penan drei Hauptvoraussetzungen gegeben sein müssen: Das exklusive Besitzrecht an einem bestimmten Gebiet; die Freiheit der jeweiligen Gemeinschaft, über ihre Belange selbst zu entscheiden, sowie freundschaftliche Beziehungen zu ihren Nachbarn von anderen Volksgruppen.

Ein weiterer Standpunkt der Regierenden ist, daß die Penan schließlich nur eine kleine Minderheit der in Zentralborneo lebenden Menschen darstellen und die Holzgewinnung, die beträchtliche Deviseneinnahmen beschert und somit dem Wohlergehen der gesamten Bevölkerung dient, vernünftiger ist als die Erhaltung riesiger Waldgebiete zugunsten einer derart winzigen Minderheit. Trotzdem hat die Regierung von Sarawak den nomadischen Penan mehrere Waldgebiete zugestanden.

## DIE CHINESEN UND ANDERE ASIATISCHE EINWANDERER

Die Beziehungen zwischen China und Borneo sind zwar schon über tausend Jahre alt; zu den ersten bedeutenden Ansiedlungen chinesischer Einwanderer bei Sambas in Westkalimantan kam es jedoch erst zwischen 1750 und 1820 im Zuge des Abbaus der dortigen Goldvorkommen. Die Einwanderung von Chinesen war immer erlaubt und wurde mitunter sogar gefördert, beispielsweise von den Brookes in Sarawak und von der Regierung Britisch-Nordborneos bis zur Unabhängigkeit dieses Gebiets. Die größten chinesischen Volksgruppen in Borneo sind die Hakka, die Foochow, die Kantonesen, die Hokkien und die Teochew, die vorwiegend Buddhisten, Taoisten oder Christen sind. Die Chinesen in Borneo üben zwar die unterschiedlichsten Berufe aus, gelten jedoch vor allem als geschickte und erfolgreiche Geschäftsleute.

Unter den anderen asiatischen Einwanderern haben die Javaner auf Borneo die längste Geschichte. Sie kamen bereits ab dem 14. Jahrhundert zur Zeit des Majapahit-Reichs auf die Insel. Heute trifft man Menschen javanischer Herkunft in ganz Kalimantan, aber auch in Sabah und Sarawak an.

In den vergangenen Jahrzehnten wurden im Rahmen eines großangelegten Programms der indonesischen Regierung zur Förderung der

Landwirtschaft gezielte Umsiedlungen von Javanern nach Kalimantan durchgeführt. Auch unter den Arbeitern in der Erdöl- und Holzindustrie Kalimantans überwiegen Javaner, die erst in jüngerer Zeit eingewandert sind. Im südlichen Drittel der Insel leben auch zahlreiche Immigranten von der indonesischen Insel Madura; sie gelten als „spontane" Einwanderer, weil sie unabhängig von Umsiedlungsprojekten der Regierung kamen. Sie sind in städtischen wie in ländlichen Gebieten in den verschiedensten Wirtschaftsbereichen vor allem als ungelernte oder angelernte Arbeitskräfte tätig.

*Die Stadt Sibu in Sarawak vor 30 Jahren.*

Auch einige wenige Inder sind seit Ende des 19. Jahrhunderts nach Sarawak und Sabah eingewandert, was mit dem britischen Einfluß in diesen Staaten zusammenhing. In Sabah gibt es noch zwei andere Gruppen von Immigranten, die erst in den letzten Jahrzehnten in großer Zahl eingetroffen sind und der wirtschaftlichen Entwicklung des Staates einen spürbaren Schub verliehen haben: christliche Philippinos. Die Einwanderung von Angehörigen dieser Volksgruppe setzte Mitte der 50er Jahre ein, als im Zuge der Mechanisierung der Holzindustrie britische und amerikanische Gesellschaften im damaligen Britisch-Nordborneo nach Facharbeitern suchten, die nicht nur ihre Maschinen bedienen, sondern auch Englisch sprechen konnten. Viele Kinder dieser ersten Welle philippinischer Einwanderer sind mittlerweile malaysische Staatsbürger geworden. In jüngerer Zeit kamen auch Einwanderer von den Inseln im Osten Indonesiens nach Sabah. Zahlreiche Bürger Sabahs besitzen ein Stückchen Land, das sie jedoch wegen besserer Verdienstmöglichkeiten in den Städten nicht selbst bewirtschaften. Arbeitswillige Immigranten von den Inseln Timor, Flores und Buton finden in solchen und ähnlichen Situationen relativ leicht einen Job. Für all diese Menschen von außerhalb Borneos ist die Tatsache, daß sie bereits Verwandte auf Borneo haben, ein zusätzlicher Anreiz, so daß sich immer mehr zur Auswanderung entschließen.

*Ein chinesischer Goldschmied aus Sarawak.*

# Das kulturelle Leben

Die Menschen Borneos blicken auf ein stolzes kulturelles Erbe zurück, das tief in der Vergangenheit wurzelt. Bereichert wird es durch die kunsthandwerklichen Einflüsse, das Brauchtum und die Religionen, die über die Jahrhunderte hinweg aus China, vom asiatischen Festland sowie von der Inselwelt Indonesiens und der Philippinen gekommen sind. In ihren Festen und Zeremonien, ihrem Kunsthandwerk, ihren Häusern und selbst in ihrer Kleidung und ihrem Schmuck bringen die Bewohner Borneos seit jeher ihr enges Verhältnis zu ihrem Land, zu Reisanbau und -ernte und zu den Ereignissen, die ihr Leben prägen, zum Ausdruck.

## Festtage

Auf Borneo finden das ganze Jahr über Festlichkeiten statt, sei es aus Anlaß des chinesischen Neujahrsfestes oder wichtiger Daten im christlichen oder muslimischen Kalender. Zudem gibt es zahlreiche lokale Feste, etwa Feiern zum Beginn und zum Abschluß der Ernte oder am Ende der Trauerzeit für einen Verstorbenen. Bei diesen Anlässen wird festliche Kleidung angelegt, gegessen und getanzt, und an den traditionellen Spielen und Zeremonien ist die ganze Dorfgemeinschaft beteiligt. Besucher von außerhalb der Insel werden oft zum Mitmachen animiert und dann, jedenfalls in nichtmuslimischen Gemeinden, mit Unmengen von Reiswein bewirtet.

*Neujahrsgebete von Chinesen vor einem Tempel in Sarawak.*

## Tanz und Musik

Die Volkstänze Borneos sind in höchstem Grad symbolisch; sie beschreiben die Ruhmestaten großer Krieger – in diesem Fall legen die Tänzer ihre Kriegsbekleidung an –, den Nervenkitzel der Jagd oder das Einbringen der Ernte. Vor allem die Älteren sind mit jeder Bewegung vertraut, nachdem sie diese Tänze mit ihren stilisierten Rhythmen und Ritualen ein Leben lang gesehen und selbst eingeübt haben. Oft wird der Tanz von Gesang begleitet und von Musik, die auf traditionellen Instrumenten, wie Gongs, Trommeln und Gitarren, gespielt wird. Einige Bewohner Borneos sind nicht nur gute Musiker, sondern auch geschickte Instrumentenbauer; aus Bambusrohr fertigen sie Flöten und aus einem einzigen Stück Holz Saiteninstrumente, wie Lauten.

## Kunst und Kunsthandwerk

### Webarbeiten

Bis vor relativ kurzer Zeit kamen die Materialien für Webarbeiten – Kleidungsstücke, Decken und Wandbehänge – ausschließlich aus dem Regenwald. Wilde Baumwolle wurde von Hand gepflückt, weiterverarbeitet und gesponnen; Blätter und Früchte lieferten die kräftigen Farben, mit denen die fertigen Gewebe mit den unterschiedlichsten stilisierten Mustern versehen wurden, und aus Baumrinde fertigte man schwere Jacken, die man bemalte oder mit Glasperlen bestickte. Vor allem die Iban waren für das Weben und Färben von Stoffen berühmt – Fertigkeiten, die über Generationen hinweg von Müttern an die Töchter weitergegeben wurden.

### Korbflechtereien

Geflochtene Körbe, riesige Sonnenhüte und bunte Matten sind nicht nur begehrte Souvenirs bei den Touristen, sondern in erster Linie überaus praktische, bei den verschiedenen ethnischen Gruppen Borneos weitverbreitete Gebrauchsgegenstände. Meist werden sie aus den gespaltenen Stämmen von Rotangpalmen hergestellt, die gleichermaßen elastisch wie haltbar sind.

### Glasperlenarbeiten

Glasperlen sind bei den Stämmen Borneos seit jeher sehr beliebt; früher dienten sie als Zahlungsmittel und darüber hinaus zur Herstellung von Schmuckstücken, die den gesellschaftlichen Status ihrer Trägerin anzeigten. Die Frauen einiger Stammesgruppen schmücken mit Glasperlen ihre Festtagstrachten. Auch auf Gebrauchsob-

jekten, wie Körben, Taschen und Haushaltsartikeln, finden sich häufig Glasperlenarbeiten.

### Holzschnitzereien

Diese Kunst hat eine ausgeprägte religiöse Bedeutung, wie sich an den Symbolen und Motiven auf Langhäusern, Särgen, Grabkammern und den langen Pfählen ablesen läßt, die einst am Eingang fast jeden Dorfes standen, um böse Geister abzuwehren. Auch die Umrisse von Vögeln – vor allem des Hornvogels –, Drachen und anderen Phantasiewesen finden sich auf den Schildern der Krieger, auf rituellen Masken und selbst auf profanen landwirtschaftlichen Geräten, wo sie ihre Benutzer schützen oder die entsprechenden Götter gnädig stimmen sollten. Wirklich alte Holzschnitzereien kommen nur selten auf den freien Markt, und so sind die meisten Artefakte, die den Touristen zum Verkauf angeboten werden, moderne Nachbildungen alter Stücke.

### Metallarbeiten

Das Gießen von Metallen war auf Borneo einst ein bedeutendes Gewerbe. Messing, Blei und Silber wurden für Feuerwaffen, Werkzeuge und Haushaltsartikel sowie zur Herstellung von Ohrringen, Kopfschmuck und Schmuckmünzen verwendet, die man zu festlichen Anlässen trug. Die Stämme der Dayak genossen einen ausgezeichneten Ruf als Waffenschmiede. Das Eisen, aus dem sie Schwerter, Buschmesser und Blasrohre fertigten, stammte größtenteils aus dem Tauschhandel mit ausländischen Kaufleuten, obwohl früher an einigen Stellen im Hochland Borneos auch Eisen abgebaut wurde. Heutzutage werden Buschmesser und andere Eisenwerkzeuge aus den Federn alter Lastwagen oder den Blättern von Kettensägen gefertigt.

### Tätowierungen

Die Tätowierung ist die wohl elementarste Form des Körperschmucks. Während Tätowierungen bei jüngeren Bewohnern Borneos kaum mehr anzutreffen sind, pflegten früher Männer wie Frauen sich mit ihnen zu schmücken. Sie mußten viele schmerzhafte Stunden überstehen, wenn der Tätowierer die meist mit einer Mischung aus Ruß und *damar* (hartem, kristallinem Baumharz) hergestellte Tinte mit einer Nadel in ihre Haut einbrachte. Die dabei entstehenden Muster, die Tapferkeit symbolisierten oder einfach nur zur Verschönerung dienten, variierten von Stamm zu Stamm; in einigen Fällen mußte jemand, bevor er sich tätowieren lassen durfte, erst eine bestimmte gesellschaftliche Position erreicht haben.

Links: *Junge Bidayuh-Frauen mit ihren traditionellen konischen Hüten aus geflochtenem Rotang.*

Unten: *Zu den charakteristischen Merkmalen der Iban-Volksgruppe gehören ihre Webarbeiten, deren Muster religiöse und gesellschaftliche Bedeutungen symbolisieren sollen. Hier webt eine Iban-Frau gerade ein* pua kumbu, *einen dekorativen Stoff, der ein Höchstmaß an Kunstfertigkeit erfordert. Man beachte auch die riesigen Krüge im Hintergrund, die nicht nur als Vorratsbehälter fungieren, sondern auch als wertvolle Erbstücke gelten.*

Gegenüber links: *Iban-Frauen präsentieren stolz ihre handgewebten Röcke mit traditionellen Motiven sowie andere wertvolle Bestandteile ihrer Festtagskleidung.*

Gegenüber rechts: *Geschnitzte Grabpfähle* (keliring) *werden im nördlichen Zentralborneo traditionell zum Gedenken an bedeutende Führungspersönlichkeiten aufgestellt.*

Gegenüber unten: *Tätowierungen verschiedener Muster dienten in der Regel entweder der Darstellung von Heldentaten oder zur Abwehr von Krankheiten. Die Muster wurden meist in regelmäßigen Abständen über viele Jahre hinweg unter Verwendung einer Mischung aus Ruß und* damar *(Baumharz) in die Haut eingestochen.*

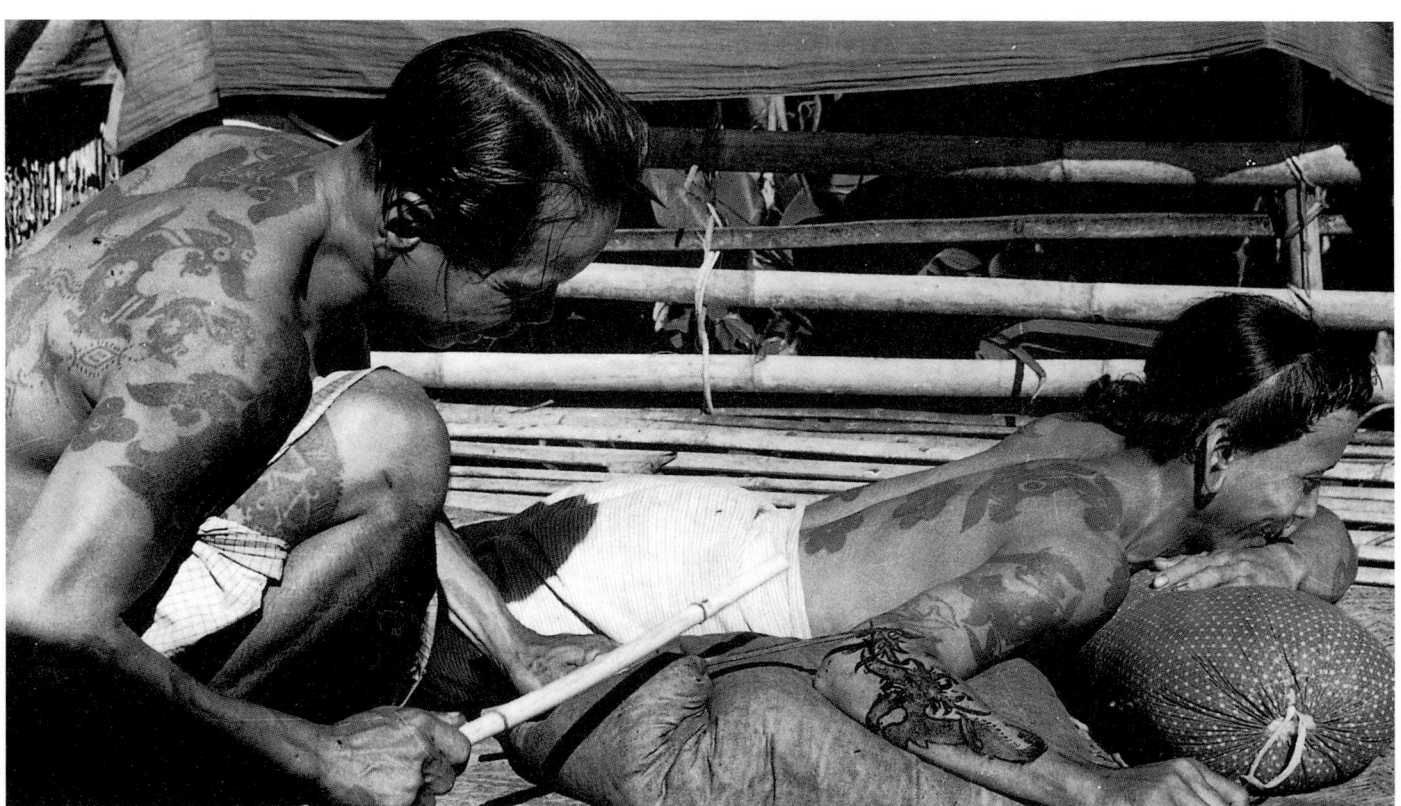

# TRADITIONELLE WIRTSCHAFTSFORMEN

Wenngleich die moderne Industrie auch auf Borneo Einzug gehalten hat, ist ein Großteil der Bevölkerung noch immer von der Landwirtschaft abhängig. In vielen Dorfgemeinschaften werden nach wie vor althergebrachte, seit Jahrhunderten bewährte Methoden des Landbaus, der Fischerei und der Jagd praktiziert. Noch im 20. Jahrhundert stellt die Überwindung größerer Entfernungen, die Nahrungsbeschaffung und die bestmögliche Nutzung der Erzeugnisse des Waldes vielfach eine Herausforderung dar, und frühere Generationen mußten schon recht flexibel und erfinderisch sein, um dem Regenwald einen kärglichen Lebensunterhalt abzuringen.

Der natürlich gewachsene Regenwald kann nur eine relativ geringe Zahl von Menschen ernähren. Ohne Landwirtschaft oder Handel kann deshalb eine Bevölkerung von Jägern und Sammlern in einem begrenzten Gebiet nie sehr groß werden. Die ersten menschlichen Gemeinschaften auf Borneo litten vermutlich immer wieder unter Hungersnöten und waren häufig gezwungen, in andere Gebiete weiterzuziehen.

Ausgrabungen in den Höhlen von Niah und Madai haben den Beweis erbracht, daß sich die Bewohner Borneos vor vielen tausend Jahren von einer Vielzahl von Säugetieren (vor allem von Wildschweinen, Nagetieren und Affen, darunter auch Orang-Utans), Vögeln, Reptilien, Fischen und Weichtieren ernährten. Pflanzliche Materialien halten sich in den Tropen nicht sehr lange, so daß es schwer zu sagen ist, welche Rolle sie im Speiseplan der frühen Menschen gespielt haben. Wahrscheinlich ist jedoch, daß wilde Sagopalmen geerntet wurden. Eßbare Früchte, Samen und Pilze reifen in den Regenwäldern Borneos überraschenderweise oft nur zu bestimmten Jahreszeiten, so daß wildwachsende pflanzliche Nahrung meist nur für relativ kurze Zeit zur Verfügung steht.

## SALZGEWINNUNG

Einer der Faktoren, die vermutlich den Lebensraum der ersten Menschen auf Borneo begrenzten, war die Notwendigkeit, an Salz zu gelangen. In den feuchten Tropen führt jede körperliche Betätigung zu Transpiration und damit zu Salzverlust, der nur schwer auszugleichen ist in Gegenden, in denen die knappen natürlichen Salzvorkommen immer wieder durch schwere Regenfälle weggeschwemmt werden. Frühe menschliche Gemeinschaften mußten sich somit zumindest zeitweise in der Nähe des Meeres oder natürlicher Salzvorkommen im Binnenland aufhalten. Das Salzproblem konnte erst durch das Aufkommen eines regelmäßigen Handels überwunden werden. Die frühen vom Handel lebenden Stammesgemeinschaften und Sultanate an der Küste müssen deshalb große Macht über die Menschen des Landesinnern besessen haben, da sie den Handelsverkehr und damit die Salzvorräte kontrollierten.

## REISANBAU

Wie und wann genau auf Borneo die Landwirtschaft eingeführt wurde, ist nicht bekannt; geht man jedoch von entsprechenden Daten im übrigen Südostasien aus, so dürfte dies um das Jahr 3000 v. Chr. gewesen sein. Heute betrachten die meisten Inselbewohner außerhalb der städtischen Gebiete alle sonstigen Lebensmittel lediglich als Ergänzungen zum Reis, der das Grundnahrungsmittel schlechthin ist. Allerdings ist keineswegs sicher, daß gewöhnlicher Reis, der aus dem Nordosten Indiens und aus Südchina stammt, das erste bedeutende landwirtschaftliche Erzeugnis Borneos war. Möglicherweise wurden auch wilde Sagopalmen aus dem Osten Indonesiens oder deren Kulturform angepflanzt. Einige kohlenhydratreiche Feldfrüchte, die heute in den ländlichen Teilen Borneos eine wichtige Rolle spielen, kamen erst sehr viel später hinzu. Zu ihnen gehören Mais, Süßkartoffeln und Tapioka, die alle aus Amerika stammen und von europäischen Forschern eingeführt wurden.

Die früheren Bewohner Borneos müssen es schwer gehabt haben, den Reisanbau bis zu seiner heutigen Bedeutung innerhalb der Landwirtschaft und somit auch für die Gesellschaft und Landschaft der Insel weiterzuentwickeln. Der ursprüngliche Wildreis vom asiatischen Festland erfordert klimatische Verhältnisse, vor allem jahreszeitlich begrenzte Regenfälle, die auf Borneo nicht anzutreffen sind. Somit müssen die ersten Bauern den Reis über viele Generationen kultiviert und weitergezüchtet haben, um Sorten zu erhalten, die auf Borneo gediehen. Mittlerweile gibt es zahlreiche Reisarten, von denen einige für schlechte Böden geeigneter sind als andere. Manche Arten bringen viele, aber relativ geschmacklose Körner hervor, andere hingegen kleinere Mengen aromatischer, großer Körner.

Ein zweiter Grund dafür, warum Reis auf Borneo erst nach längerer Zeit zu einem Hauptnahrungsmittel geworden sein dürfte, besteht darin, daß er nur auf freien Flächen ohne Baumbestand wächst. Das Fällen zahlreicher großer Hartholzbäume ist jedoch äußerst schwierig ohne Metalläxte, die vermutlich erst bedeutend später als 500 v. Chr. auf Borneo eingeführt wurden.

*Ein Kadazan-Bauer im Westen Sabahs verteilt Büschel von Reissämlingen für die Auspflanzung in bewässerten Feldern.*

Es gibt zwei grundlegende Arten des Reisanbaus. Der Sumpfreis wächst nur auf ständig unter Wasser stehenden Feldern. Früher wurde Sumpfreis in natürlichen Feuchtgebieten angebaut, was für einige Sorten heute noch üblich ist. In den meisten Fällen jedoch erhält man das Wasser, indem man es von Bächen und Flüssen abzweigt und aufstaut beziehungsweise als Regenwasser sammelt. Sumpfreis kann nur in flachem Gelände oder dort angebaut werden, wo das Land durch Anlage von Terrassen abgeflacht und das Wasser durch kleine Dämme am Abfließen gehindert wird. Bergreis benötigt dagegen nur Regenwasser und kann deshalb sowohl auf ebenen Flächen als auch an Berghängen angepflanzt werden.

Für den Reisbauern haben beide Methoden ihre Vor- und Nachteile. Ein erfolgreicher Anbau von Sumpfreis erfordert einen höheren Arbeitsaufwand, hängt jedoch weniger von den Unwägbarkeiten des Wetters ab; die Hektarerträge sind höher, und vor allem werden die meisten Unkräuter durch das Wasser am Wachsen gehindert. In ländlichen Gegenden, in denen genügend Anbaufläche zur Verfügung steht, sehen viele Bauern jedoch keine Notwendigkeit, auf kleinen Flächen möglichst hohe Erträge zu erzielen, und so bauen sie Bergreis an, der weniger Arbeit erfordert und schmackhaftere Körner trägt. Das größte Problem ist das Unkraut, das im feuchten Tropenklima schneller wächst als unter anderen Bedingungen. Am einfachsten bekommt man dieses Problem in den Griff, indem man Bergreis auf ehemaligen Waldflächen anbaut, auf denen fast keine Unkräuter wachsen. Hierzu werden die Bäume gefällt und verbrannt, sobald sie trocken genug sind.

## BRANDRODUNGS-WANDERFELDBAU

Da der Anbau von Bergreis mit dem Fällen von Bäumen verbunden ist, werden diejenigen Bauern, die Brandrodungsfeldbau betreiben, insbesondere von den Forstleuten oft für die Abholzung des Regenwalds verantwortlich gemacht. In Wirklichkeit liegen die Dinge längst nicht so einfach. Diese Pflanzer ziehen nämlich zumeist Böden vor, auf denen vorher schon einmal Reis angebaut worden ist und seither Sekundärwald wächst; die Bäume dort sind relativ klein und leicht zu fällen. Untersuchungen im Bahau-Tal in Ostkalimantan lieferten Hinweise darauf, daß Böden von Sekundärwäldern möglicherweise sogar besser für den Reisanbau geeignet sind als solche von alten Baumbeständen. Beim Brand

*Bauern in den Bergen beim Anpflanzen von Reis. Infolge des Regens brennen die gefällten Bäume oft nicht besonders, aber doch gut genug, um eine unkrautfreie Fläche zu schaffen und düngende Asche zu erzeugen. Die Männer stechen Löcher in den Boden, während die Frauen die Sämlinge einsetzen.*

rodungs-Wanderfeldbau wird ein Reisfeld dann aufgegeben, wenn seine Fruchtbarkeit nachläßt und das Unkraut unkontrollierbar wächst. Die Bauern wissen jedoch, daß sie die aufgegebenen Felder in einem Zustand zurücklassen müssen, der das Wachstum von Sekundärwald ermöglicht. Das bedeutet, daß Reisfelder immer in der Nähe von Wäldern liegen müssen, die Baumsamen für eine neue Baumbesiedlung liefern können. Der Brandrodungsfeldbau findet also in einer natürlichen Umgebung statt, in der ein gewisser Prozentsatz an Wald stets erhalten bleibt. In der Praxis führt konstanter Brandrodungsfeldbau zu einer Reihe von Reisfeldern in einem durchgehenden, aber sich ständig verändernden Flickwerk aus sekundärem Pflanzenbewuchs.

Bauern, die seit jeher Brandrodungsfeldbau betreiben, legen im allgemeinen ihre Reisfelder vorzugsweise auf den fruchtbaren Schwemmlandterrassen an Flüssen und den unteren Bereichen von Berghängen an. Auf den unfruchtbaren, höher gelegenen Hangabschnitten und den Bergkämmen wird der ursprüngliche Wald möglichst unberührt belassen. Deshalb kann die überwiegende Mehrheit der Pflanzer, die auf

traditionelle Weise Brandrodungsfeldbau betreiben, auch nicht für den Rückgang des primären Regenwalds verantwortlich gemacht werden.

Wenig intensiv betriebener Brandrodungsfeldbau bietet gute Lebensbedigungen für einige Pflanzen- und Tierarten, die nicht an die Verhältnisse in unberührten Wäldern angepaßt sind. Derartige Pflanzen sind oft die Lieblingsnahrung großer, wegen ihres Fleisches geschätzter Säugetiere, wie Hirsche und Wildrinder. Bauern, die von Brandrodungsfeldbau leben, pflanzen zudem verschiedene wilde früchtetragende Bäume an, wodurch sie die natürlichen Populationen dieser wertvollen Pflanzen fördern und künftige Nahrungsmittelvorräte für wildlebende Tiere anlegen. Leider bricht dieses im allgemeinen stabile System mittlerweile in immer mehr Gebieten Borneos zusammen.

## LAND- UND WALDBESITZ

Jede Volkswirtschaft benötigt ein allgemein akzeptiertes Rechtssystem, das den Besitz an Grund und Boden und die Nutzung der Ressourcen regelt, damit die Reichtümer der Natur nicht eines Tages durch unkontrollierte Ausbeutung erschöpft und die Menschen nicht ihrer Lebensgrundlage beraubt werden. Diese einfache Tatsache trifft auf das ländliche Borneo ebenso zu wie auf die übrige Welt.

Traditionelle Gemeinschaften betrachten die alten Waldbestände in der Umgebung ihrer Dörfer als ihr Eigentum. Die Grenzen des Landes einer jeden Dorfgemeinschaft sind klar festge

legt und werden allgemein akzeptiert, auch wenn Außenstehende sie nicht bemerken, weil sie weder auf dem Land selbst noch auf Landkarten verzeichnet sind. Jeder Angehörige einer Gemeinschaft holt normalerweise die Zustimmung der anderen ein, bevor er eine Fläche mit altem Baumbestand innerhalb der Gemeindegrenzen rodet. In jedem Wald mit altem Baumbewuchs kann es einzelne Bäume geben, die zu nutzen nur ein bestimmtes Individuum oder eine einzige Familie der Gemeinschaft berechtigt ist. Bei solchen Bäumen kann es sich beispielsweise um Exemplare handeln, die von wilden Honigbienen bewohnt werden, oder um Arten, die eßbare Früchte tragen oder auf sonstige Weise verwertbar sind. Das Recht auf den jeweiligen Baum steht gewöhnlich demjenigen zu, der ihn als erster entdeckt hat.

Viele Dorfgemeinschaften ließen traditionell nicht allzu weit von ihrem Dorf entfernt inmitten ausgedehnter Gebiete brachliegenden, mit Sekundärwald bewachsenen Landes kleinere Waldflächen mit alten Baumbeständen stehen. Diese Waldstücke weisen verschiedene Kennzeichen auf: Oft handelt es sich um steiles, für eine Kultivierung ungeeignetes Gelände, um Stellen, an denen eine Quelle entspringt, oder um Orte mit ungewöhnlichen Felsformationen, besonders kräftigen Würgerfeigen oder zahlreichen früchtetragenden Bäumen. In vielen Fällen halten die Eingeborenen diese Waldstücke für den Wohnort von Geistern.

### FISCHEREI UND JAGD

Sowohl Süßwasser- als auch Seefische sind bei fast allen menschlichen Gemeinschaften sehr beliebt. Zum Fischfang werden verschiedene Methoden angewandt; es kommen vor allem Netze, Reusen und und natürliche Pflanzengifte zum Einsatz. Die meisten Dorfgemeinschaften nehmen für sich in bestimmten Flußabschnitten das Fischereirecht in Anspruch, das Ortsfremden jedoch vorenthalten wird.

Auch die Jagd ist für die Menschen im Landesinnern eine bedeutende Nahrungsquelle. Als Beutetiere werden meist Bartschweine und Hirsche bevorzugt, die in der Regel mit Jagdhunden aufgespürt und mit dem Speer erlegt werden. In Sabah und Sarawak sind mittlerweile auch Gewehre weit verbreitet, während die Verwendung des Blasrohrs, mit dem man früher vor allem Affen, Hornvögel und andere Baumbewohner jagte, immer mehr aus der Mode kommt und in

*Iban-Männer mit ihren Hunden auf einem Jagdausflug per Kanu.*

vielen Gebieten schon völlig ungebräuchlich ist. Das Jagdrecht wird zwar gewöhnlich lockerer gehandhabt als die Rechte auf Land, Wald und Fischerei, doch wird ein Jäger in der Regel um Erlaubnis nachsuchen, bevor er auf dem Land eines anderen oder im Wald einer anderen Dorfgemeinschaft jagt.

### VERKEHR

Traditionell bewegte man sich auf Borneo entweder zu Fuß oder in einem hölzernen Einbaum vorwärts. Und obwohl mittlerweile das Leben nicht mehr annähernd so hart ist wie früher, kann man noch heute beobachten, daß ein Bewohner des bergigen Landesinnern einen körperlich gut in Form befindlichen Touristen, der denselben Waldpfad begeht, innerhalb kürzester Zeit weit hinter sich gelassen hat und sein Ziel in weniger als der halben Zeit erreicht. Ausdauer wie Übung, im Idealfall von frühester Kindheit an, sind unabdingbar, um sich mit gleichbleibender Geschwindigkeit über unebenes Gelände vorwärtszubewegen, dabei unablässig Baumstümpfen, Wurzeln, Zweigen und herabhängenden Pflanzen auszuweichen und ständig die schlimmsten Hindernisse mit kräftigen Schlägen eines *parang* (ein langes Buschmesser, das wichtigste Werkzeug in den Wäldern Borneos) zu beseitigen. Trainierte Eingeborene des Landesinnern können viele Kilogramm schwere Lasten über unebenes Terrain befördern; meist geschieht dies in langen, röhrenförmigen Körben oder Tragegestellen aus Rotang mit Schulter- und Stirnriemen aus Baumrinde. Dennoch ist das Gewicht, das auf dem Rücken befördert werden kann, naturgemäß begrenzt.

Büffel und Pferde, die vermutlich vor einigen hundert Jahren nach Borneo eingeführt wurden, erleichterten das Leben für einige Menschen ein wenig, doch in der äußerst unebenen, meist graslosen Landschaft und dem feuchten Klima der Insel sind auch solche Tiere nicht wirklich ideal. Im frühen 20. Jahrhundert legte die britische Nordborneo-Kompanie ein System von Saumpfaden an, um entlegene Siedlungen miteinander zu verbinden; viele von ihnen blieben bis nach dem Zweiten Weltkrieg im Gebrauch. Die Pferde wurden für den Transport von Offizieren und Vorräten eingesetzt, doch beeinflußten die Pfade weder Ort und Ausmaß der Besiedlung auf Borneo noch Art und Umfang des Handels entscheidend.

Boote wurden gewöhnlich überall dort verwendet, wo diese Fortbewegungsart Zeitvorteile brachte, etwa wenn große Mengen an Habseligkeiten oder Erzeugnissen des Waldes über lange Strecken transportiert werden mußten. Die Flüsse waren deshalb früher die „Hauptstraßen" des Landes, und Dörfer entwickelten sich meist an ihren Ufern. Alles, was in einen Einbaum oder auf ein Bambusfloß gepackt werden konnte, wurde auf dem Wasserweg transportiert. An Stromschnellen schob oder zog man die Boote durch die reißenden Gewässer. An Wasserfällen wurde das Gepäck ausgeladen und wie das Boot selbst bis zur nächsten schiffbaren Stelle durch den Dschungel getragen.

## HANDEL

Obwohl zahlreiche dörfliche Gemeinschaften Borneos in der traditionellen Wirtschaftsform hinsichtlich ihrer Lebensmittelversorgung autark lebten und einige aus vor Ort gewonnenem Eisen sogar ihre eigenen Werkzeuge herstellten, trieben fast alle Handel, um ihre sonstigen Bedürfnisse zu stillen. In ganz Borneo wurden

metallene Werkzeuge zum Roden von Wald und in der Landwirtschaft, beim Hausbau, zur Herstellung von Jagdwaffen und für die Kopfjagd eingesetzt. Importierte Töpferwaren in den verschiedensten Formen dienten als Küchengeräte, als Krüge zum Lagern von Trinkwasser, Reis, Reiswein und menschlichen Knochen sowie als Schmuckgegenstände, kostbare Erbstücke oder als Mitgift. Importierte, qualitativ hochwertige Glasperlen standen hoch im Kurs bei einigen Volksgruppen Borneos, deren Reichtum nach der Menge der Glasperlen bemessen wurde, die sie besaßen. Diamanten und Gold waren die einzigen wertvollen Mineralien, die früher in größeren Mengen aus Borneo ausgeführt wurden.

Bis in dieses Jahrhundert hinein fertigten viele auf dem Land lebende Bewohner Borneos ihre Alltagskleidung aus weichgeklopfter Baumrinde und Stoffen, die sie aus Pflanzenfasern webten. Für festliche Kleidung verwendeten sie auch Tierfelle, Federn und Zähne.

Zu den Erzeugnissen des Meeres, die in erster Linie vor den Küsten Nord- und Ostborneos gesammelt wurden, gehörten getrocknete Seegurken oder -walzen (auch Holothurien oder, unter Kaufleuten, Trepang genannt), Haifischflossen, Perlmutt und Perlen.

Die Wälder Borneos lieferten zahlreiche pflanzliche und tierische Erzeugnisse, die in früherer Zeit in großen Mengen von den Bewohnern des Landesinnern zusammengetragen und an die Küstenbewohner verkauft wurden, welche sie wiederum an die Chinesen, aber auch an Inder, Araber und Europäer weiterverkauften. Auch Rotang und Harthölzer wurden schon früh gehandelt; wichtiger waren damals jedoch die Erzeugnisse von Bäumen, die schon in relativ kleinen Mengen hohe Preise erzielten. Zu diesen gehörten vor allem Harze und Samen von Dipterocarpaceen. *Damar* wurde zum Abdichten von Booten, zur Herstellung von Lack und Knöpfen sowie als Brennmaterial für Lampen eingesetzt. Eines der wichtigsten frühen Handelsgüter aus Borneo, das nach China, Indien und vermutlich später auch Arabien exportiert wurde, war Kampfer – das aromatische Harz des Kapurbaums. Diese für die Herstellung von Arzneien verwendete, wertvolle Substanz wurde bei den Chinesen als „Drachenhirn" bezeichnet.

Illipe-Nüsse (die Samen mehrerer Baumarten der Gattung *Shorea),* die in hoher Konzentration ein dickflüssiges Öl enthalten, wurden vor Ort zur Herstellung von Speiseöl verwendet und für die Produktion von Schmieröl und Wachs exportiert. Noch heute werden Illipe-Nüsse ex-

portiert; sie finden bei der Herstellung teurer Schokoladen und Kosmetika Verwendung.

Im 19. Jahrhundert entwickelte sich Guttapercha aus den Wäldern Borneos zu einem wichtigen Exportartikel für den Weltmarkt. Dabei handelt es sich um den Latex oder Milchsaft von Bäumen der Gattung *Palaquium,* der beim Erhitzen weich wird und beim Auskühlen erhärtet und zur Herstellung von Reitpeitschen sowie zur Beschichtung von Telegraphen- und frühen Elektrokabeln, für chirurgische Instrumente, Golfbälle und Klebstoffe Verwendung fand. *Gaharu* war und ist ein weiteres seltenes und wertvolles Erzeugnis des Waldes. Diese schwärzliche, wohlriechende Wucherung, die durch Pilzbefall entsteht und bei uns auch als Aloe- oder Adlerholz bekannt ist, findet sich manchmal im Stamm von zwei oder drei Baumarten der Familie Thymelaeaceae und ist als Duftstoff sehr begehrt.

Auch Wildtiere lieferten einen Teil der frühen Exportartikel aus den Wäldern Borneos, und in einigen Fällen sind sie noch heute wirtschaftlich von Bedeutung. Zu den ausgefalleneren Handelsgütern, die aus der Tiefe der Wälder Borneos den Weg auf die Märkte Chinas fanden, wo sie zu medizinischen Zwecken verwendet werden, gehören die Bezoare oder Magensteine – Konkremente von Gerbsäure aus den Mägen von Schlankaffen. Auch die Hörner des Sumatranashorns sind schon seit langer Zeit äußerst begehrt. Obwohl diese Tierarten inzwischen extrem selten geworden sind und internationale Kampagnen und Abkommen den Handel mit ihnen bekämpfen, gelangen noch immer Hörner und andere Teile von Nashörnern von Borneo nach China und auf andere Märkte Südostasiens. Angesichts der Tatsache, daß für das Horn eines Rhinozeros bis über 50 000 US$ pro Kilogramm gezahlt werden, ist es kein Wunder, daß die Nashörner in ihren letzten vereinzelten Lebensräumen in den Regenwäldern Borneos vom Aussterben bedroht sind.

Obwohl es Elefanten nur im äußersten Nordosten der Insel Borneo gibt, wird auch ihr Elfenbein schon seit mindestens 200 Jahren gehandelt – ebenso wie eine andere, sehr ungewöhnliche Art von Elfenbein, nämlich der Schnabelaufsatz des Schildschnabels. Salanganen – kleine Vögel, die in dunklen Höhlen nisten – sorgen für eine weitere seltsame, noch heute existierende Handelsware. Die Nester einiger Arten sind aus dem Speichel der Vögel gefertigt, der sich zu harten Fäden verfestigt. Aus den merkwürdigen, wie eine halbe Untertasse geformten Nestern, die von den Wänden der

Höhlen gesammelt werden, wird die berühmte Schwalbennestersuppe zubereitet, die bei den Chinesen als Spezialität gilt.

Das vielleicht am wenigsten bekannte, aber faszinierendste frühe Handelsgut aus den Wäldern Borneos war das Wachs aus den Nestern wilder Bienen, das hauptsächlich zur Herstellung von Kerzen verwendet wurde. Fast alle Bienennester finden sich auf den Ästen von Borneos größtem Baum, dem Mengaris. Um an die Nester heranzukommen, schlagen die Sammler Bambuspflöcke in den Stamm, die sie mit Lianen zu einer Leiter zusammenbinden. Spuren dieser Leitern bleiben in Form von Kallussen in der Rinde für immer im Baumstamm zurück.

Offenbar waren einst viele Tausende von Eingeborenen Borneos in der Bienenwachsindustrie tätig, wobei die meisten vom Einsammeln der Bienennester lebten. Angesichts solcher Zahlen ist es kein Wunder, daß ein hoher Prozentsatz der alten Mengaris-Bäume auf ganz Borneo noch Narben von Leitern aufweist, die vor langer Zeit angefertigt wurden. Noch immer werden in ländlichen Gebieten Bienennester gesammelt, um an den Honig zu kommen.

Leider sind auch die gigantischen alten Mengaris-Bäume mittlerweile von der Kettensäge bedroht. Bis vor kurzem wurden sie nur selten gefällt – teils wegen ihrer traditionellen Bedeutung für die Menschen auf dem Land, teils, weil das Holz schwer zu verarbeiten ist. Da aber die Holzindustrie auf die Verarbeitung der immer seltener werdenden großen Stämme eingestellt ist und in gut zugänglichen Gegenden des Tieflands Mengaris recht häufig vorkommen, werden wohl immer mehr dieser stolzen Baumriesen der Holzwirtschaft zum Opfer fallen.

## Eine Welt im Wandel

Im Lauf des nächsten Jahrhunderts werden die meisten Elemente der traditionellen Wirtschaft Borneos sich radikal verändern oder vollkommen verschwinden. Die gewaltigen Umwälzungen in der Gesellschaft und bei der Nutzung des Landes, die in den vergangenen 30 Jahren stattgefunden haben, schreiten immer weiter voran und sind nicht mehr rückgängig zu machen.

Einige Aspekte der alten Lebensweisen werden bis heute beibehalten, weil die Menschen es so wollen. Alle Regierungen auf Borneo fördern auf die eine oder andere Weise die Erhaltung kultureller Traditionen. Sabah, Sarawak, Brunei und alle Provinzen Kalimantans verfügen über Museen und andere Institutionen, in denen die Geschichte und Kultur der jeweiligen Umgebung konserviert werden, und vielerorts werden regelmäßig oder gelegentlich stattfindende, von der Regierung unterstützte Festivals, Seminare oder Ausstellungen abgehalten.

In dörflichen Gemeinschaften überall auf Borneo werden zu bestimmten Anlässen die traditionellen Trachten angelegt und Tänze aufgeführt. Die Lebensweise im Langhaus, das gemeinschaftliche Anpflanzen des Reises und die bewährten Gesetze und Strafen für Vergehen, wie etwa ein Bußgeld in Form von Schweinen und Büffeln, sind noch immer weit verbreitet. Dennoch gehen diese Bräuche allmählich zurück, da immer mehr Jüngere sich für eine andere Lebensweise entscheiden. Die Besonderheiten der Dorfgemeinschaften Borneos, die den ausländischen Besucher interessieren, sind immer seltener anzutreffen. Tätowierungen, gedehnte Ohrläppchen und die traditionellen Haarschnitte sind bei den Jüngeren längst aus der Mode gekommen. Nur ganz wenige Männer in vereinzelten Dorfgemeinschaften gehen noch mit dem Blasrohr auf die Jagd. Selbst in den abgelegensten Dörfern trägt jeder bei den alltäglichen Verrichtungen importierte Kleidung aus Massenproduktion, und wer es sich leisten kann, kauft sich einen Fernseher oder einen Cassettenrecorder. Schon heute tragen die meisten Männer ihre Armbanduhr selbst dann, wenn sie in traditioneller Tracht alte Tänze aufführen. Die Fertigkeiten zur Herstellung handgewebter Stoffe sowie Metallarbeiten, Glasperlenarbeiten, Holzschnitzereien und Einbaumkanus sterben allmählich aus.

Wie es scheint, sind Förderungsmaßnahmen der Regierung sowie ein erheblicher Ausbau des Tourismus erforderlich, um wenigstes einige der alten Fertigkeiten vor dem Aussterben zu bewahren. Die einzelnen Gemeinwesen auf Borneo bemühen sich zwar, ihre jeweilige Muttersprache durch regelmäßigen Gebrauch am Leben zu erhalten; dies wird jedoch immer schwieriger, da in den Schulen nur die jeweilige Landessprache (Malaiisch oder Indonesisch) sowie Englisch oder Mandarin gelehrt werden.

## Verkehrswesen

Das Flugzeug ist heute das schnellste und gebräuchlichste Verkehrsmittel zur Überbrückung größerer Entfernungen auf Borneo. Es gibt häufige Flugverbindungen zwischen allen größeren Städten und weniger häufige in abgelegenere Gebiete. Kommerzielle Anbieter vermieten Helikopter und Kleinflugzeuge, und in einigen Gegenden betreiben christliche Missionsstationen ihren eigenen Flugverkehr. Das Netz befestigter Straßen wird, vor allem in Küstennähe, ständig ausgebaut, und der öffentliche Busverkehr verbessert sich in gleichem Maße wie der Zustand der Straßen. Sabah und Sarawak können jeweils von einem Ende zum anderen durchfahren werden, und nur eine Lücke bei Brunei, die bis zum Ende dieses Jahrzehnts geschlossen sein soll, verhindert noch den motorisierten Verkehr zwischen Kuching und Tawau. Wo Holz geschlagen wird, gibt es auch Straßen, die nun den Zugang zu vormals abgelegenen Dorfgemeinschaften ermöglichen. Einige für den Holz-einschlag angelegte Straßen werden zwar nach Beendigung der Arbeiten wieder aufgegeben, andere hingegen zur Grundlage befestigter, von der Regierung instand gehaltener Landstraßen.

Trotz des Ausbaus des Straßennetzes spielt die Fortbewegung auf dem Wasser nach wie vor eine wichtige Rolle. Dies gilt insbesondere für Sarawak und Kalimantan, wo es auf vielen größeren Flüssen einen regelmäßigen öffentlichen Bootsverkehr gibt. Im Gegensatz zum Straßen- und Schiffsverkehr wurde das – bislang auf Westsabah beschränkte – öffentliche Eisenbahnnetz seit Jahrzehnten nicht weiter ausgebaut.

Das Telefon hat in den vergangenen Jahren stark an Bedeutung gewonnen. In Sabah und Sarawak installiert die nationale Telefongesellschaft derzeit in vielen Dörfern auf dem Lande solarbetriebene öffentliche Fernsprechanlagen, während die meisten Firmen außerhalb der Städte Mobiltelefone benutzen.

## Die Erschliessung des Landes

Im 19. Jahrhundert stieß man auf Borneo auf bedeutende Erdöl-, Erdgas- und Kohlevorkommen. In unserem Jahrhundert stellten vor allem Erdöl und in jüngerer Zeit auch Erdgas entscheidende Faktoren der Volkswirtschaften Indonesiens, Malaysias und Bruneis dar. Noch immer treiben diese meist an und vor der Küste gefundenen Bodenschätze die gesamtwirtschaftliche Entwicklung der drei Staaten voran. Mittlerweile kommt ein Großteil der Weltförderung verflüssigten Erdgases aus Borneo. Die Förderung dieser nicht erneuerbaren Ressourcen hat jedoch bislang keine größeren Auswirkungen auf das Land oder den Regenwald gehabt.

Die Auswirkungen der modernen Technik wurden auf Borneo vor allem in den 50er Jahren mit der Einführung zweier im Grunde sehr einfacher

Maschinen, nämlich des Raupenfahrzeugs und der Kettensäge, spürbar. Mit diesen Hilfsmitteln lassen sich relativ schnell auf beinahe jedem Gelände Straßen anlegen, so daß selbst schwere Bäume innerhalb von ein oder zwei Stunden gefällt und abtransportiert werden können. In den 50er Jahren begann eine Entwicklung, in deren Verlauf praktisch alle Gebiete Borneos für Handel und Industrie erschlossen wurden. Seither wurde der Straßenbau immer mehr zum entscheidenden Faktor, der das Gesicht des Landes verändern sollte – zum einen, weil durch die Straßen einst unzugängliche Bäume plötzlich zu einem leicht erhältlichen Rohstoff wurden, und zum anderen, weil nun Siedler, Jäger und Landspekulanten in Gebiete vordringen konnten, in die zuvor nie jemand gekommen wäre.

Der Holzeinschlag an sich – bei dem lediglich einige große Bäume dem Wald entnommen werden, den man anschließend der natürlichen Regeneration überläßt – ist nicht eine der Hauptursachen für den Rückgang des Waldes oder die gesellschaftlichen Veränderungen auf Borneo.

Der durch die Holzabfuhrwege geschaffene Zugang zu immer mehr Waldgebieten kann jedoch, zusammen mit der Brandrodung von Wäldern durch immer mehr Familien zu größeren Waldverlusten führen, vor allem wenn solche absichtlich gelegten Brände außer Kontrolle geraten.

Vollständige Rodungen ganzer Waldflächen zur Holzgewinnung gibt es auf Borneo nicht. Diese Art der Holzwirtschaft ist so arbeits- und kostenintensiv, daß sie nur dort praktiziert wird, wo die Beteiligten anschließend Ackerbau betreiben wollen. Letzteres kommt unter verschiedenen Umständen vor. Ein gängiger Fall ist der, daß Gruppen der oben erwähnten Kleinbauern, oft unter Benutzung der Holzabfuhrstraßen, bislang unbewohntes Land betreten, um dort landwirtschaftlich tätig zu werden. Gewöhnlich verfolgen sie dabei drei Ziele: den Anbau von Feldfrüchten für den Eigenbedarf, den Anbau leicht verkäuflicher Agrarprodukte, wie Pfeffer, Kaffee, Kakao und Kautschuk, und den Erwerb von Besitzansprüchen auf das urbar gemachte Land. Bei dieser oft nur vorübergehend betriebenen,

*Chinesische Verkäufer an der Bahnstation bei Papar, Sabah, im Jahr 1910. Diese Bahnlinie ist noch heute in Betrieb und wird täglich befahren.*

spekulativen Form der Landwirtschaft kommt es häufig zu unkontrollierten Waldbränden. Leider wird diese Art der Landnutzung fälschlicherweise oft als Brandrodungsfeldbau bezeichnet und dadurch mit den traditionellen, das ökologische Gleichgewicht nicht beeinträchtigenden Methoden des Bergreisanbaus verwechselt.

Eine weitere Ursache des Verlusts an Waldgebieten sind die von der Regierung geförderten Rodungen großer Flächen, die anschließend mit einigen wenigen Feldfrüchten, wie Ölpalmen oder Reis, bepflanzt werden. Durch Zuschüsse seitens der Regierung und Bankdarlehen wird die Infrastruktur gefördert, und zahlreiche Familien werden systematisch von übervölkerten oder armen Gegenden umgesiedelt. Ein dritter Fall ist der von Unternehmen, die Land erwerben, um rein kommerzielle Landwirtschaft zu betreiben; meist beschäftigen sie dabei Einwanderer, die nur geringen Lohn erhalten. Diese drei Faktoren bilden zusammen die Hauptursache für den Verlust an Waldflächen auf Borneo.

Holz- und Plantagenwirtschaft, Verstädterung und Industrialisierung haben den Menschen nie dagewesene Verdienstmöglichkeiten eröffnet, was unweigerlich zu einer Schwächung der traditionellen Wirtschaftsformen geführt hat. Geld ermöglicht es den Leuten, nicht nur industriell gefertigte Waren, sondern auch Reis und andere Lebensmittel käuflich zu erwerben. Immer mehr Menschen ziehen es vor, ihre traditionellen Berufe aufzugeben und zu kaufen, was sie früher selbst angebaut oder im Wald beschafft hatten. Zusätzlich verstärkt wird dieser Trend durch die großen Fortschritte aller Regierungen Borneos in ihrem Bemühen, eine kostenlose oder zumindest billige Schulbildung zu gewährleisten. Immer mehr junge Leute genießen eine Universitätsausbildung, vielfach sogar im Ausland. Viele Familien auf Borneo bestehen aus Eltern oder Großeltern, die nie zur Schule gegangen sind, aber gelernt haben, mit den traditionellen Wirtschaftsformen zu überleben, und Kindern oder Enkelkindern, die ihre prägenden Jahre bereits auf der Schule verbracht haben und die zwar noch stolz auf ihre ländliche Herkunft sind, sich aber gleichzeitig in einer modernen städtischen Umgebung durchaus heimisch fühlen.

## DIE STÄDTE

Auf den ersten Blick unterscheiden sich die meisten kleineren und größeren Städte Borneos kaum voneinander: Die ewig gleichen Wucherungen niedriger, uninteressanter Wohn- und Geschäftsgebäude, zwischen denen es im Zentrum tagsüber immer wieder zu Verkehrsstaus kommt, werden allenfalls durch das Grün vereinzelter Bäume ein wenig aufgelockert.

Erst bei genauerem Hinsehen erfährt der Besucher mehr über die lokalen Besonderheiten und das Charakteristische der jeweiligen Bewohner. Banjarmasin und Bandar Seri Begawan haben beide eine lange Geschichte, denn schon vor mindestens 600 Jahren existierten sie als präislamische Königreiche, bevor sie zu regionalen Zentren des muslimischen Einflusses wurden. Beide Städte weisen noch einen stark malaiischen Charakter auf und verfügen über ausgedehnte Stadtteile, die über dem Wasser erbaut sind. Pontianak und Samarinda wurden im 18. Jahrhundert von muslimischen Einwanderern

gegründet, während Palangkaraya ein kleines Verwaltungszentrum ist.

Zu den schönsten Städten Borneos zählt das Mitte des 19. Jahrhunderts gegründete Kuching. Die Stadt verfügt noch über etliche interessante Gebäude aus der Zeit des Radscha Brooke, zwischen denen heute moderne Hochhäuser stehen, darunter auch einige sehr gute Hotels. Kota Kinabalu (vormals Jesselton) und Sandakan wurden unter der Herrschaft der britischen Nordborneo-Kompanie gegründet und gegen Ende des Zweiten Weltkriegs weitestgehend zerstört. Die heutigen Städte sind deshalb fast vollständig neu erbaut. Kota Kinabalu hat mehrere attraktive moderne Gebäude aufzuweisen, unter ihnen auch das 28stöckige Sabah Foundation Building, das eine der umfangreichsten Bibliotheken Borneos beherbergt.

### TOURISMUS UND ÖKOTOURISMUS

Bis in die jüngste Zeit kamen überhaupt nur sehr wenige Touristen nach Borneo. Mittlerweile aber ist die Insel gerade bei denjenigen Reisenden, die an der Natur und deren Schutz interessiert sind, immer beliebter geworden. Mehrere vorgelagerte Inseln bieten Tauchern etliche der schönsten Korallenriffe der Welt, während das Innere Borneos infolge des internationalen Interesses an den tropischen Regenwäldern zu einer der ersten Adressen für Leute geworden ist, die das bislang weitgehend unbekannte Land selbst kennenlernen möchten.

Entwicklung und Auswirkungen des Ökotourismus lassen sich anhand einiger Beispiele in Sabah darstellen, wo auf relativ kleinem Gebiet die unterschiedlichsten Landschaften gut erreichbar sind. In den hundert Jahren nach der Erstbesteigung des Gunung Kinabalu im Jahr 1851 wurden gerade einmal 53 Expeditionen zu diesem Berg gezählt; heute hingegen kommen jährlich etwa 200 000 Besucher, von denen rund 10 Prozent – alle auf demselben Weg – den Gipfel erklimmen. Dennoch halten sich die Auswirkungen auf die Natur in Grenzen, so daß der Berg noch nichts von seinem Zauber und seinem Artenreichtum eingebüßt hat.

Ein Großteil der Einnahmen aus dem Tourismus fließt direkt oder indirekt den Einheimischen zu. Bis Mitte der 80er Jahre waren praktisch die einzigen Menschen, die die Insel Pulau Sipadan besuchten, die Sammler von Schildkröteneiern, denen schon 1916 von der britischen Kolonialverwaltung das Recht hierzu gewährt worden war. Nachdem Sipadan dann von einem

Veranstalter von Tauchreisen als eines der großartigsten Korallenriffe der Welt für den Tourismus entdeckt worden war, wird die Insel heute täglich von Dutzenden von Tauchern besucht. Mit der Ankunft der Taucher wuchs das Interesse an den Schildkröten, deren Überleben, wie sich bald herausstellte, nach Jahrzehnten des Eiersammelns ernsthaft in Gefahr war. 1993 unterzeichneten unter der Aufsicht der Regierung von Sabah die drei Veranstalter von Tauchreisen auf Sipadan ein Abkommen mit den Eiersammlern, denen sie für 50 000 malaysische Ringgit im Jahr das Recht zum Eiersammeln abkauften. Heute werden alle Eier am Strand von Sipadan belassen, wo die Jungschildkröten ungestört schlüpfen können. Um die Insel ist zwischen Indonesien und Malaysia ein Streit entbrannt, der jedoch in absehbarer Zeit friedlich beigelegt werden dürfte.

Im Jahr 1989 bestätigte eine vom World Wide Fund For Nature (WWF) Malaysia für das Tourismus- und Umweltministerium durchgeführte Untersuchung, daß die Wälder am Unterlauf des Kinabatangan zu den artenreichsten Gebieten Malaysias gehörten und somit für den Ökotourismus ein ungeheures Potential boten, aber wegen der geplanten Umwandlung in landwirtschaftliche Nutzflächen vor der totalen Zerstörung standen. Damals besuchten vielleicht ein gutes Dutzend Touristen dieses Gebiet. 1993 waren es bereits über 2000, so daß die Regierung nun ein neues Naturschutzgebiet plant, in dem seltene Arten wie der Nasenaffe und der Schlangenhalsvogel geschützt werden sollen. Bislang jedenfalls hatte der Ökotourismus in Sabah positive Auswirkungen auf den Naturschutz. Wenn anderswo auf Borneo noch keine ähnliche Situation entstanden ist, so liegt dies daran, daß viele Gebiete relativ schwer zugänglich und die Unterkunftsmöglichkeiten außerhalb der Städte noch sehr begrenzt sind.

## NATURSCHUTZ

Der Schutz der Natur erfordert immer eine verantwortungsvolle Verwaltung sämtlicher natürlicher Ressourcen, vor allem aber von Land, Boden, Wasser, Vegetation und Tierbeständen, sowie ein Verständnis für die Bedürfnisse der Menschen, die zwischen der Treue zu einer althergebrachten Lebensweise und den Zwängen des modernen Lebens hin und her gerissen sind. Auf Borneo ist der größte Teil des Landes nach wie vor von Wald bedeckt, und dessen Verwaltung ist der Schlüssel zum Schutz der gesamten Umwelt vor dem Verlust an Natur und der zunehmenden Verschmutzung, die das Leben der Menschen beeinträchtigt. Der wirtschaftliche Fortschritt, der zur Zeit über Borneo hereinbricht, macht es geradezu lebensnotwendig, den größten Reichtum des Landes – die ungeheure biologische Vielfalt seiner Wälder – für künftige Generationen zu erhalten.

## DER SCHUTZ DER WÄLDER

Auf Borneo ist, wie auch anderswo, die Zukunft des Landes und des Waldes ungewiß, solange die Besitzrechte nicht endgültig geklärt sind. Ohne gesicherte rechtliche Ansprüche bleiben beide Ressourcen auch weiterhin schutzlos der menschlichen Habgier ausgeliefert, und niemand fühlt sich angespornt, ihre nachhaltige Nutzung sicherzustellen. Für eine vernünftige Verwaltung der Waldgebiete und deren biologischer Vielfalt ist es deshalb unerläßlich, daß sowohl langfristige Besitzansprüche auf das Land als auch das Recht, den darauf befindlichen Wald zu verwalten, vom Gesetzgeber klar und unmißverständlich garantiert werden.

In der Vergangenheit waren Borneos Wälder, von einigen wenigen kleinen Gebieten abgesehen, kaum ernsthaft bedroht. Die traditionellen Vorstellungen von Eigentumsrechten in Waldgebieten stellten die Grundlage für das Funktionieren von Borneos Dorfgemeinschaften dar, und obwohl diese Rechte nie schriftlich fixiert waren, kam es nur selten zu Konflikten mit anderen, die denselben Anspruch erhoben. Es gab kaum Verbindungen zur Weltwirtschaft, die für Holz und Plantagenprodukte mittlerweile Devisen ins Land strömen läßt. Zwar existieren auch heute noch traditionelle Stammesgemeinschaften, die vom Wald abhängig sind und ein breitgefächertes Wissen über wildwachsende Pflanzenarten bewahrt haben; der Gedanke aber, daß ländliche Gemeinschaften auf sich allein gestellt einen wirksamen Naturschutz betreiben könnten, wäre wohl reichlich unrealistisch.

Der einfachste und letztendlich billigste Weg zu einer vernünftigen Verwaltung der Wälder wäre, wenn die Regierungen mit Hilfe von Fachleuten festlegen würden, welche Gebiete am besten aus Naturschutzgründen von Wald bedeckt und unberührt bleiben sollten und welche zur Holzförderung genutzt werden dürfen. Zusätzlich könnten noch bestimmte Flächen für die traditionelle Bewirtschaftung und die Jagd durch dörfliche Gemeinschaften reserviert werden. All dieses Land sollte dann per Gesetz zum „ständigen Waldgebiet" deklariert werden, das niemals für eine andere Nutzung freigegeben werden darf. Dies ist zwar schwer zu erreichen und allein auch noch kein Garant für durchschlagenden Erfolg; aber ohne solche Maßnahmen werden alle anderen naturschützerischen Bemühungen teuer, langwierig und auf längere Sicht größtenteils zum Scheitern verurteilt sein.

Im weltweiten Vergleich scheint die Lage auf Borneo Grund zu einem gewissen Optimismus zu geben. Zum einen ist noch immer über die Hälfte der Insel mit Wald bedeckt, auch wenn dieser in den meisten Gebieten mittlerweile stark in Bedrängnis geraten ist. Hoffen läßt auch die Tatsache, daß die meisten dieser Waldgebiete der jeweiligen Regierung gehören und entweder bereits als Nationalparks oder sonstige Schutzgebiete ausgewiesen sind, jederzeit zu solchen erklärt werden können oder auf traditionelle Weise von Eingeborenen bewirtschaftet werden. Dies bedeutet, daß im Gegensatz zu anderen Ländern die Regierungen auf Borneo nicht erst große Flächen für teures Geld von privaten Grundbesitzern zurückkaufen oder letztere Jahr um Jahr für die Erhaltung von Wäldern entschädigen müssen. Noch gibt es Spielräume für die Ausweisung zusätzlicher Waldgebiete als Schutzzonen, für konsequenten Naturschutz, für eine nachhaltige Holzproduktion und die Beibehaltung der traditionellen Bewirtschaftung des Waldes. Zum Glück scheinen alle Regierungen auf Borneo auf dieses Ziel hinzuarbeiten. Sabah hat dabei eine Vorreiterrolle übernommen und bereits 1984 annähernd die Hälfte des Staatsgebiets zu permanenten Waldflächen erklärt.

Man muß sich darüber klarwerden, daß sowohl die geschützten Waldgebiete als auch die für die Holzproduktion vorgesehenen Areale im Naturschutz eine bedeutende Rolle spielen. Zahlreiche Arten sowie Lebensgemeinschaften zwischen Pflanzen und Tieren hängen vom Vorhandensein unberührter, geschützter Wälder ab, und so konzentrieren sich noch immer viele Naturschützer ausschließlich auf diese; dabei übersehen sie jedoch, daß die für den Holzeinschlag vorgesehenen Wälder eine weit größere Fläche bedecken und auch nach einer Ausholzung in der Regel noch gut die Hälfte der ursprünglichen Vegetation erhalten bleibt.

In der Vergangenheit wurden nur stückchenweise permanent geschützte Waldgebiete ausgewiesen, so daß im Augenblick keine Gegend Borneos den naturschützerischen Idealvorstellungen zu entsprechen scheint. Im allgemeinen läßt sich sagen, daß schon vor vielen Jahren einige relativ kleine Gebiete wegen ihrer außergewöhnlichen landschaftlichen Schönheit zu Schutzgebieten erklärt wurden, während man später weitaus größere Waldflächen im Tiefland für den Holzeinschlag vorsah. Seit den 70er Jahren jedoch wurden weite Waldgebiete, die ursprünglich für die Abholzung vorgesehen waren, in permanente landwirtschaftliche Nutzflächen umgewandelt, wobei die bergigen Abschnitte sowohl für die Holzproduktion als auch für naturschützerische Zwecke reserviert wurden.

Seit den 60er Jahren waren die verschiedensten Organisationen – darunter inländische Regierungsbehörden, die Vereinten Nationen, ausländische Hilfsorganisationen, Universitäten und private Gruppen – am Aufbau permanenter Waldgebiete in allen Teilen Borneos beteiligt. Der World Wide Fund For Nature beispielsweise berät seit den 70er Jahren die Regierungen von Sabah, Sarawak und Kalimantan in der Frage, welche Waldgebiete für den Naturschutz von vorrangiger Bedeutung sind.

Mittlerweile gibt es auf Borneo zahlreiche bereits geschützte oder als Schutzzonen vorgeschlagene Gebiete. Der Kinabalu in Sabah verfügt nach Ansicht eines Experten über „die weltweit größte und bemerkenswerteste pflanzliche Artenvielfalt". Das Danum-Tal zeichnet sich durch unterschiedliche Arten von Dipterocarpaceen-Wäldern, eine Tierwelt mit Nashörnern und Elefanten und ein recht engagiertes Forschungs- und Bildungszentrum aus. Sabah wiederum hat drei Naturparks, die sowohl Habitate im Meer als auch auf Inseln umfassen: Tunku Abdul Rahman, Turtle Islands und Pulau Tiga. Zum geplanten Kinabatangan Wildlife Sanctuary gehören stark bedrohte Waldflächen in Überschwemmungsgebieten und natürliche Seen.

In Sarawak ist der Gunung Mulu National Park für seine phantastischen Kalksteinhöhlen berühmt, während der gut erreichbare Lambir Hills National Park unter Botanikern den Ruf genießt, auf kleinster Fläche eine außergewöhnliche Vielfalt seltener Bäume aufzuweisen. Die größten Schutzgebiete Sarawaks sind das Lanjak-Entimau Wildlife Sanctuary und der benachbarte Batang Ai National Park. Im zerklüfteten Batu Apoi Forest Reserve von Brunei Darussalam unterhält die Universität von Brunei das Kuala Belalong Field Studies Centre.

Das Gunung Palung Nature Reserve in Westkalimantan verfügt von der Küste bis zu den Gipfeln der Berge über ein hochinteressantes Spektrum an Waldtypen. Der Tanjung Puting National Park in Zentralkalimantan wiederum, ein bevorzugter Lebensraum von Orang-Utans, bietet typische Beispiele küstennaher Tieflandwälder, während die entlegenen Waldgebiete von Bukit Raya im Landesinnern eine besonders große biologische Artenvielfalt aufweisen. Das ausgedehnte Kayan-Mentarang Nature Reserve im Norden Ostkalimantans ist Borneos größtes Schutzgebiet überhaupt; die dort betriebenen Forschungen sind insofern ungewöhnlich, als sie darauf abzielen, anthropologische und biologische Erkenntnisse miteinander zu verbinden.

## EIN BLICK IN DIE ZUKUNFT

Der Schutz der Natur auf Borneo ist keine einfache Aufgabe. Die größten Probleme lassen sich in vier Hauptgruppen einteilen. Zum einen besteht aufgrund der Tatsache, daß die Landwirtschaft höhere Hektarerträge und damit auch höhere kurzfristige Gewinne erzielt als die Forstwirtschaft, ein permanenter Druck, immer mehr Wald in landwirtschaftliche Flächen umzuwandeln. Der größte Teil des fruchtbaren Tieflands ist entweder bereits in Agrarland umgewandelt oder zur Umwandlung in ständig bewirtschaftetes Land für die Erzeugung von Palmöl, Kakao, Pfeffer, Kautschuk und Reis vorgesehen.

Die Umwandlung der meisten Waldflächen des Tieflands ist nach konventionellen wirtschaftlichen Gesichtspunkten durchaus sinnvoll und deshalb wohl unvermeidlich. Dieser Trend zieht jedoch schwerwiegende Folgen nach sich, die vielen Verantwortlichen womöglich noch nicht voll bewußt sind. Ein Aspekt ist die Tatsache, daß die meisten Wälder, die gegenwärtig ausgeholzt werden, im Bergland liegen, wo neues Holz nur sehr langsam nachwächst, weil die für die Holzproduktion am besten geeigneten Flächen statt dessen landwirtschaftlich genutzt werden. Dies bedeutet, daß man viel Geld in den Anbau von Feldfrüchten investierte, die einen ständigen Nachschub an billigen Arbeitskräften erfordern, während gleichzeitig die Fähigkeit des Landes, durch natürliche Regeneration kostenlos tropische Harthölzer zu produzieren, drastisch eingeschränkt wurde. Zudem führt die Abholzung bergigen Terrains zu stärkerer Erosion und Sedimentation der Gewässer als der Holzeinschlag im Tiefland.

Auch das Tierreich bekommt die Folgen zu spüren. Einige Tierarten – etwa der Orang-Utan, der sich auf Borneo größtenteils in Wäldern unter 150 m Meereshöhe aufhält – sind, wenn sie längerfristig überleben sollen, auf Tieflandwälder angewiesen. In den vergangenen zwei Jahr-

zehnten wurde der natürliche Lebensraum mehrerer tausend Orang-Utans auf Borneo in landwirtschaftliche Nutzflächen und Plantagen umgewandelt. Einige dieser Menschenaffen wurden in sogenannte „Rehabilitationszentren" in geschützten Wäldern umgesiedelt, andere sind vermutlich in angrenzende Gebiete weitergezogen. Wieder andere dürften entweder verendet oder illegal ins Ausland geschafft worden sein. Viele Naturschutzorganisationen und aufopferungsvoll kämpfende Einzelpersonen haben viel Zeit und Geld investiert, um den Orang-Utans zu helfen, doch ist deren Notlage im Grunde eher ein Symptom der mehr oder weniger planmäßigen und unvermeidlichen Abholzung als ein unmittelbarer Grund dafür, daß diese Art vom Aussterben bedroht ist. Statt sich auf einzelne Tiere zu konzentrieren, sollten sich die Naturschützer deshalb besser für die Einrichtung permanenter Schutzgebiete einsetzen, die ausreichend große Flächen aller Waldtypen umfassen – und nicht einfach nur Gebiete, die als für die Landwirtschaft ungeeignet eingestuft werden.

Das zweite große Problem liegt darin, daß in den meisten Regionen Borneos mit Ausnahme Bruneis der jährliche Holzeinschlag seit vielen Jahren deutlich – in einigen Gegenden sogar um das Fünffache – über der Geschwindigkeit liegt, mit der Holz durch natürliche Regeneration nachwächst. In all diesen Regionen benötigt jedoch mittlerweile die holzverarbeitende Industrie längst mehr Nachschub, als die natürlichen Wälder Borneos liefern können, wobei der Export unverarbeiteter Stämme noch gar nicht eingerechnet ist. Aus diesem Grund geht die Holzindustrie Borneos zunehmend von großen Bäumen zu sehr viel kleineren über, von denen es in den natürlichen Wäldern noch immer zahllose Millionen gibt und die zudem in weit kürzerer Zeit nachwachsen.

Dies hat für den Naturschutz zwei einschneidende Konsequenzen. Zum einen wird die Intensität der Abholzung in den natürlichen Wäldern höchstwahrscheinlich zunehmen, und so werden künftig auch viele Bäume fallen, die für die Aufrechterhaltung der biologischen Vielfalt von entscheidender Bedeutung sind. Zum anderen wird man, um den Abholzungsdruck auf die natürlichen Wälder zu verringern, immer mehr auf Baumpflanzungen zurückgreifen müssen, in denen Holz mindestens zehnmal so schnell wächst wie in den natürlichen Wäldern. Leider erfordert die Anlage von solchen Holzplantagen derart hohe Anfangsinvestitionen, daß nur Regierungen und sehr große Unternehmen über

die nötigen Mittel verfügen. Gegenwärtig nehmen Nutzholzplantagen deshalb erst ganze 0,1 Prozent der Landfläche Borneos ein, und selbst wenn die nötigen Investitionen getätigt werden, würde es Jahrzehnte dauern, bevor diese Pflanzungen eine größere Industrie beliefern könnten.

Im kommenden Jahrzehnt dürfte es zu einer intensivierten Abholzung sowohl kleinerer Bäume als auch schadhafter großer Bäume in den natürlichen Wäldern kommen. Den Naturschützern bereitet der verstärkte Holzeinschlag große Sorgen. Leider wurden die wenigen vorliegenden Studien über die biologischen Auswirkungen der Abholzung auf Borneo nach nur einmaligem Holzeinschlag in Wäldern mit altem Baumbestand angefertigt, und sie bezogen sich lediglich auf ökologisch robuste Arten wie Säugetiere und Vögel. Ohne weitere wissenschaftliche Studien und entsprechende Änderungen bei der Verwaltung der Wälder ist Borneos biologische Vielfalt zunehmend von der selektiven Ausholzung wie von der totalen Abholzung bedroht. Am meisten dürften darunter Organismen wie Frösche oder Orchideen leiden, die schon gegen geringfügige Veränderungen der Feuchtigkeit oder des Lichteinfalls empfindlich sind. Hornvögel und andere Arten, die Nistlöcher benötigen, werden wohl außerhalb der geschützten Wälder ganz verschwinden, wenn bald auch schadhafte Bäume, die früher stehenblieben, gefällt werden, um den Bedarf der Sägewerke zu decken.

Das dritte Problem, mit dem die Naturschützer sich auseinandersetzen müssen, besteht darin, daß es angesichts einer sich sowohl zahlen- als auch flächenmäßig rasant ausbreitenden menschlichen Bevölkerung und des immer dichter werdenden Straßennetzes stets schwieriger wird, von einer einmal eingeschlagenen Richtung wieder abzuweichen. So deuten beispielsweise die verfügbaren Daten darauf hin, daß in den 80er Jahren etwa eine halbe Million Hektar Waldfläche pro Jahr verlorengegangen ist. Falls diese Zahlen stimmen, würde dies bedeuten, daß in einem einzigen Jahrzehnt etwa 7 Prozent der Landfläche Borneos abgeholzt wurden.

Einst weitverbreitete, nun aber immer seltener werdende Lebensräume wie die Dipterocarpaceen-Wälder des Tieflands und die flußnahen Wälder sind besonders schwer zu schützen, wenn sie keine zusammenhängenden Flächen mehr bilden und von Siedlungen und Plantagen umgeben sind. Während die Menschen in der Vergangenheit meist nur fruchtbares Land rodeten, besiedelten und bepflanzten, dringen sie mittlerweile auch in Gebiete vor, die nicht einmal für Brandrodungsfeldbau geeignet sind und nur mit ungeheuren Mengen von Kunstdünger und beträchtlichem Arbeitseinsatz permanent landwirtschaftlich nutzbar wären. Von dieser Bedrohung sind vor allem die Heidewälder betroffen, die auf flachem Land stehen, das sich auf den ersten Blick für eine Besiedlung anzubieten scheint, aber in der Regel für jede Form von Landwirtschaft ungeeignet ist. Früher wäre niemand auf die Idee gekommen, sich auf Heideland anzusiedeln.

Die Zeiten, in denen die Besiedlung von Neuland in erster Linie dazu diente, eine Dorfgemeinschaft zu gründen und Reis anzubauen, gehören der Vergangenheit an. In der heutigen Gesellschaft betrachten immer mehr Menschen das Land nur noch als gewinnbringende, austauschbare Ware, und so sehen sie auch den Wald lediglich als Fläche, die gerodet werden muß, um Besitzansprüche geltend machen zu können. Eine kurzfristige Möglichkeit, dieses Problem anzugehen, wäre es, in extrem gefährdeten Gebieten von Fall zu Fall entsprechende Schutzmaßnahmen zu ergreifen. Die einzig realistische, langfristige Lösung bestünde jedoch darin, allen Bewohnern Borneos ausreichende Informationen zu vermitteln – nicht bloß über die lebenswichtige Bedeutung einer gesunden Umwelt, sondern darüber hinaus in Gestalt einer Schul- und Berufsausbildung, mit deren Hilfe sie in der modernen, weitgehend industrialisierten Wirtschaft der Insel einen Platz finden könnten und nicht mehr gezwungen wären, sich als Kleinbauern durchzuschlagen.

Die möglicherweise größte Gefahr für den Naturschutz geht von Waldbränden aus. Vor 1982 konnte sich niemand vorstellen, daß durch Feuer größere Waldflächen vernichtet werden könnten, bis während einer von September 1982 bis Juni 1983 anhaltenden Dürre im Norden und Osten der Insel mehrere Waldbrände über 4 Millionen Hektar Wald zerstörten oder schwer schädigten. Spätere Untersuchungen ergaben, daß die Brände hauptsächlich in Gegenden mit ausgeholzten Wäldern und kleinbäuerlicher Subsistenzwirtschaft wüteten. Dieselben Gebiete litten auch nach 1983 unter kürzeren Trockenperioden, in denen einige weniger verheerende Waldbrände ausbrachen. Heute weiß man, daß zwar auch Waldbestände mit altem Baumbewuchs gegen Waldbrände nicht unbedingt gefeit sind, daß aber die großen Mengen dürres Holz in ausgeholzten Flächen sowie die infolge des Straßenbaus leichte Erreichbarkeit einst unzugänglicher Gebiete in Trockenzeiten einen be-

sonders großen Risikofaktor darstellen. Schon ein einziges achtlos gelegtes Feuer kann Millionenwerte an Holz zerstören und zum Aussterben seltener, nur an einem bestimmten Ort vorkommender Pflanzenarten führen, ohne daß es eine sichere Möglichkeit der Vorbeugung gäbe.

### Schritte in die richtige Richtung

Um Borneos Wälder und deren biologische Vielfalt zu erhalten, muß die Ausweitung landwirtschaftlicher Nutzflächen eingeschränkt werden.

Wenngleich eine größere wirtschaftliche Diversifikation und der Ausbau der Industrialisierung unverzichtbar sind, um den Wohlstand der Bevölkerung zu sichern und langfristig die Bedrohung der Wälder einzudämmen, spricht vieles dafür, daß auch künftig auf der Forstwirtschaft basierende Industriezweige das wirtschaftliche Rückgrat Borneos bilden sollten. Die riesige Landfläche und die klimatischen Verhältnisse der Insel sind in idealer Weise für die Produktion großer Holzmengen geeignet. Schon heute sind viele Gemeinschaften auf die eine oder andere Weise von der Forstwirtschaft abhängig. In einigen Teilen Borneos erlebt jedoch der Tourismus einen raschen Aufschwung, und das Interesse der meisten Touristen gilt in erster Linie den Wäldern.

Im Bereich der Forstwirtschaft gibt es noch ein beträchtliches Innovationspotential, und zahlreiche ausbaufähige Projekte wurden bereits in Angriff genommen. In Kalimantan beispielsweise pflanzen einige Bauern schon seit längerer Zeit Rotangpalmen an. In Sabah haben sowohl Regierung als auch Privatunternehmer großflächige Rotangplantagen in ausgeholzten Wäldern angelegt, deren wirtschaftliche Chancen recht vielversprechend erscheinen. Die Rotangpalme ist in vieler Hinsicht ein ideales Agrarprodukt, weil ihre Kultivierung das Vorhandensein von Bäumen erfordert und deshalb einen natürlichen Anreiz bietet, Waldflächen zu erhalten und nachhaltig zu nutzen. Eine weitere Innovation, mit der die Sabah Forest Industries den Nachschub für ihre Papierfabrik sichern will, ist die Abgabe von Baumsämlingen an traditionell wirtschaftende Kleinbauern, die die Bäumchen in Bergreisfelder pflanzen. Wenn dann nach Jahren die Zeit gekommen ist, um das brachliegende Land erneut mit Reis zu bepflanzen, sind die Felder mit Bäumen bewachsen, die an die Papierfabrik verkauft werden können.

Auf den meisten Baumplantagen werden zwar noch immer Monokulturen importierter Baum-

arten angelegt, doch gibt es erste Anzeichen für ein steigendes Interesse an gemischten Pflanzungen einheimischer Arten. In Ostkalimantan experimentiert die Forschungsstation von Wanariset-Samboja in Zusammenarbeit mit der Holzindustrie, Kleinbauern und Wanderfeldbau betreibenden Pflanzern mit Möglichkeiten der Anpflanzung von Dipterocarpaceen auf landwirtschaftlich nicht mehr nutzbarem Land. In der Gegend um Ulu Segama (Sabah) unweit des Danum-Tals versucht die Sabah Foundation mit finanzieller Unterstützung niederländischer und amerikanischer Organisationen, ausgeholzte Wälder mit einheimischen Bäumen anzureichern und Methoden der Holzgewinnung zu entwickeln, die möglichst geringe Waldschäden verursachen. Beide Projekte zielen darauf ab, Mittel und Wege für eine verbesserte, nachhaltige Nutzung der Tropenwälder zu finden und zu einer Stabilisierung der weltweiten Kohlendioxidbilanz beizutragen.

Gegenwärtig ist in vielen Fällen noch völlig unklar, ob eine bestimmte Fläche auch weiterhin von Wald bedeckt sein wird und, falls nicht, was aus ihr werden und wer sie besitzen und verwalten soll. Eine detailliertere Planung von Landnutzung und Landbesitz auf regionaler Ebene und eine rasche Verwirklichung dieser Pläne werden sowohl für die wirtschaftliche Weiterentwicklung als auch für den Umweltschutz immer dringlicher. Wie auch anderswo, ist es jedoch auf Borneo mit Großprojekten allein nicht getan. Einige der bedeutendsten Erfolge auf dem Gebiet einer auch aus naturschützerischer Sicht sinnvollen Wirtschaftsentwicklung gehen auf spontane Maßnahmen nicht regierungsamtlicher Organisationen und privater Unternehmen zurück.

## Borneos Zukunft

Für Borneo gibt es keinen Weg zurück. Das Land, das einst nur in den abenteuerlichen Berichten früher Reisender zu existieren schien, ist längst zum festen Bestandteil der modernen Weltwirtschaft geworden. Immer mehr Menschen ergreifen die Gelegenheit, die Wunder der Natur kennenzulernen, die diese Insel zu einer der schönsten Gegenden der Welt machen. Nichts kann den Fortschritt mehr aufhalten, der ein höheres Bildungsniveau, einen verbesserten Lebensstandard und das Bewußtsein der Notwendigkeit mit sich bringen wird, zu schützen und zu erhalten, was einst als selbstverständlich hingenommen wurde. Borneo hat zweifellos eine große Zukunft vor sich.

# DAS LAND

Borneo – diese riesige, gebirgige und regenreiche Insel am Äquator – ist noch immer weitgehend von tropischen Regenwäldern bedeckt. Die Verbindung von hohen Temperaturen, dem Fehlen ausgeprägter Jahreszeiten sowie Wasser und Licht im Überfluß bietet Pflanzen und Pilzen ideale Wachstumsbedingungen. Die Oberflächenstruktur und Fruchtbarkeit des Landes variieren jedoch von Ort zu Ort. Alle diese Faktoren haben in ihrem Zusammenwirken eine ungeheure Artenvielfalt hervorgebracht, wobei jede Gegend ihren eigenen Typus von Wald und ihr eigenes Spektrum an Pflanzen besitzt.

Die Küste ist von schlammigen Mangrovenwäldern, Sümpfen mit Nipapalmen und Sandstränden gesäumt. Weiter im Landesinnern finden sich Torfsümpfe, große und kleinere mäandernde Flüsse sowie teils üppig grüne, teils sandige und unfruchtbare Ebenen. Zutage tretende Felsen, häufig aus Kalkstein, akzentuieren die Landschaft. Noch weiter im Innern der Insel machen die sanften Hügel steileren Hängen und spektakulären Schluchten Platz. Aus dem grünen Halbdunkel unter dem dichten Blätterdach der dortigen Wälder ragen eindrucksvolle Baumriesen mit gewaltigen, von Brettwurzeln gestützten Stämmen. Charakteristisch für viele Wälder Borneos sind die unzähligen Kletterpflanzen, die sich an den Bäumen emporranken. In noch größeren Höhen finden sich die oft in Nebel gehüllten niedrigeren Bergwälder mit meist moosüberzogenen Eichen, Lorbeergewächsen und Koniferen, die teilweise reich an Orchideen, Kannenpflanzen und Rhododendren sind. Auf den Gipfeln der Berge gedeihen nur noch kleinwüchsige, knorrige Pflanzen. Der Gunung Kinabalu in Sabah ist der höchste Berg Südostasiens.

Abgesehen von seinem Holzreichtum verfügt Borneo auch über zahlreiche Bodenschätze, wie Gold, Diamanten, Kohle, Erdöl und Erdgas. In ihrem Geldwert kaum zu beziffern und bislang wenig genutzt ist die biologische Vielfalt der Insel. Unzählige Arten, von denen viele noch nicht einmal beschrieben worden sind, könnten zu wertvollen Kulturpflanzen werden, die sich wohl vor allem zur Herstellung von Naturheilmitteln eignen würden. So gewaltig diese großartige, überwiegend grüne Insel in ihrem Ausmaßen auch sein mag, so zart und fein und ungeheuer facettenreich ist ihre Natur, wenn man sie aus nächster Nähe betrachtet.

Im Bako National Park in Sarawak offenbart sich
in Sandsteinfelsen (links) und kristallklaren Bächen
(oben) die Schönheit der Natur auf Borneo.

VORHERIGE SEITEN
Seite 58: *Die Landschaft Borneos ist ausgesprochen
abwechslungsreich. Die Küste Sarawaks bei Santubong (oben links) und die Inseln vor Semporna im
Osten Sabahs (oben rechts) sind wie ein Großteil der
Küsten Borneos und vieler vorgelagerter Inseln von
Sandstränden gesäumt. Im Landesinnern wachsen auf
zerklüfteten Bergketten, auf die meist über 3000 mm
Niederschlag im Jahr fallen, dichte Wälder mit einer
geradezu unglaublichen biologischen Vielfalt, wie etwa
im Einzugsgebiet des Temburong in Brunei (unten
links). Zwischen dem bergigen Landesinnern und der
Küste befinden sich zahlreiche Flüsse und sumpfige
Überschwemmungsgebiete, wie zum Beispiel das des
Sekunir im Tanjung Puting National Park in Zentralkalimantan (unten rechts).*

Seite 59: Globba atrosanguinea, *eines von zahlreichen
wilden Ingwergewächsen im Regenwald Borneos.*

Unten: Pholidocarpus maiadum, *eine Fächerpalme,
ist nur eine von vielen schönen Pflanzen. Das üppige
Wachstum des Regenwalds täuscht über die Tatsache
hinweg, daß ein Großteil des Landes aus unfruchtbaren sandigen Böden besteht. Die Pflanzen sind zur
Deckung ihres Nährstoffbedarfs auf die rasche Ver-
rottung abgestorbener Pflanzenteile angewiesen.*

Gegenüber: *Szenerie an der Küste bei Santubong in Sarawak. Das rechte Ufer des Flusses ist von Nipapalmen gesäumt. Diese Palmenart diente einst den Menschen an den Küsten Borneos zum Decken ihrer Dächer sowie zur Gewinnung von Zucker.*

*Die natürlichen Wälder in den sandigen Küstenebenen West- und Südborneos sind von niedrigem Wuchs; sie bestehen aus zahlreichen pfostengroßen Bäumen. In diesen sogenannten Heidewäldern haben sich verschiedene Lebensgemeinschaften zwischen Pflanzen und Ameisen entwickelt. So bieten beispielsweise die dicken, fleischigen Blätter der auf den Zweigen von Bäumen wachsenden Urnenpflanze (Dischidia nummularia, links) Ameisen eine Zuflucht. Diese wiederum schleppen als Nahrung Insekten heran, deren Überreste auch der Pflanze lebenswichtige Nährstoffe liefern. In diesen Gegenden Borneos finden sich auch verschiedene höherwüchsige Waldtypen; Beispiele hierfür können im Samunsam Wildlife Sanctuary (unten links) und vom Unterlauf des Rajang aus (unten rechts) besichtigt werden.*

Die Dipterocarpaceen-Wälder zählen zu den spektakulärsten Wäldern im Tiefland Borneos, und zwar sowohl bezüglich ihrer Höhe als auch im Hinblick auf die Vielfalt an Pflanzen- und Tierarten, die in ihnen anzutreffen ist. Die meisten großen Bäume in diesen Wäldern gehören zu einer einzigen Familie, den Dipterocarpaceae, von denen es fast 300 Arten gibt. Sie sind die wichtigsten Nutzholzbäume Borneos. Viele hohe Bäume entwickeln riesige Brettwurzeln, wie auf dieser Aufnahme aus dem Niah National Park in Sarawak (oben) gut zu erkennen ist.

Die Kalksteinfelsen im Niah National Park (links) haben Höhlen, die über Tausende von Jahren von prähistorischen Menschen bewohnt waren und deshalb die bedeutendsten archäologischen Fundstätten auf Borneo sind. Die Aussicht aus der Großen Höhle von Niah (gegenüber) dürfte heute nicht viel anders sein als zur Zeit der ersten Menschen Borneos. Dipterocarpaceen-Wald bedeckt das flachere Terrain, während die Kalksteinklippen eine andere Flora aufweisen.

Im Lambir Hills National Park in Sarawak wächst eine außergewöhnliche Vielfalt an Baumarten. Außerdem finden sich im Wald von Lambir Hills auch zahlreiche Lianen – holzige Kletterpflanzen, die für ihr Wachstum Bäume als Stütze nutzen – wie diese Leguminose Bauhinia kockiana (oben). Der malerische, per Straße erreichbare Nationalpark ist nicht nur für die Erhaltung der biologischen Vielfalt von Bedeutung, sondern auch wegen seines Erholungswerts sehr beliebt.

Links: Wasserfall im Lambir Hills National Park. Schöne Palmen und Sträucher hängen von den steilen Sandsteinwänden des Tals herab, dessen üppiges Grün aufgrund der konstanten Feuchtigkeit und Wärme das ganze Jahr über erhalten bleibt.

Unten: Querschnitt des Waldes von Lambir Hills. Obwohl die einzelnen Bäume sich auf den ersten Blick ähneln, gehören sie alle einer anderen Art an. Manche sind an ungünstigere Lichtverhältnisse angepaßt und bleiben deshalb kleiner, während andere immer weiter wachsen, bis sie das Blätterdach des Regenwalds durchbrechen.

Oben: *Der Fluß Tutoh, über den man in den Gunung Mulu National Park in Sarawak gelangt. In der Ferne erhebt sich der Gunung Mulu bis auf 2376 m Höhe über den Meeresspiegel. Der Nationalpark besteht aus Flußtälern und Ebenen, die kontinuierlich ansteigen, bis sie steilen, zerklüfteten Kalksteinfelsen und tiefen Schluchten weichen. Diese abwechslungsreichen geologischen und topographischen Verhältnisse führten zur Entstehung der unterschiedlichsten natürlichen Lebensräume. Hier fallen mit die stärksten Niederschläge auf Borneo, nämlich zwischen 5000 und 7000 mm jährlich, die schließlich in den Baram (rechts) fließen. Der Regen und der Zahn der Zeit haben in den Kalkstein eines der eindrucksvollsten Höhlensysteme der Welt gefressen. Während die Deer Cave (unten) als längster Höhlenkorridor der Erde gilt, ist die über 300 m hohe Sarawak Chamber zweifellos die größte Höhlenkammer der Welt.*

Die Rhododendren sind mit ihren auffälligen Blüten und ihrem teilweise betörenden Duft so attraktive Pflanzen, daß sie sich auch als Gartenpflanzen großer Beliebtheit erfreuen. Einige Arten sind durch verschiedene Varietäten mit unterschiedlich gefärbten Blüten vertreten. Auch Hybriden, also Kreuzungen zwischen verschiedenen Arten, sind in der freien Natur keine Seltenheit. Auf Borneo gedeihen Rhododendren nur auf feuchten, unfruchtbaren sauren Böden und Torf oder als Epiphyten (also auf den Stämmen und Zweigen anderer Pflanzen). Ihre Wurzeln bilden Lebensgemeinschaften mit bestimmten Pilzen, sogenannten Mykorrhizen, die den Rhododen-dren bei der Beschaffung lebenswichtiger Nährstoffe behilflich sind.

Links oben: Rhododendron acuminatum, *eine Art, die ausschließlich auf Bergkämmen zwischen 2800 und 3400 m Höhe auf dem Gunung Kinabalu wächst. Ihre Blüten, die sich meist zwischen Februar und April entfalten, werden von Vögeln bestäubt.*

Mitte: Rhododendron durionifolium, *eine in den Bergwäldern Borneos in Höhen zwischen 1400 und 1800 m weitverbreitete Art.*

Unten links: *Die Blüten von* Rhododendron suaveolens, *einer weiteren Art aus den Bergwäldern mittlerer Höhen, strömen einen würzigen, an Jasmin erinnernden Duft aus.*

Unten rechts: Rhododendron fallacinum, *eine Art aus den Wäldern im Westen Sabahs zwischen 1200 und 1500 m Höhe.*

Kannenpflanzen (Nepenthes) *haben Blätter, die als Fallen konstruiert sind. Insekten, die von einer Absonderung aus Drüsen am Rand der Kanne angelockt werden, rutschen an den glitschigen Wänden ab und fallen in eine Flüssigkeit, die ein Enzym enthält und in dem sie schließlich aufgelöst werden. Zu den auf Borneo vorkommenden Arten gehö-ren* Nepenthes stenophylla *(oben links) und* Nepenthes villosa *(oben rechts).*

Pilze spielen in den Wäldern eine wichtige Rolle, indem sie totes pflanzliches Material zersetzen und dadurch Nährstoffe an das Ökosystem des Waldes abgeben. Zahlreiche Pilze reichern den dunklen Waldboden durch Farbtupfer an; zu ihnen zählen der *Cookeina-Becherling (rechts), die zarten* Mycena-Pilze *(unten rechts) und die überriechende Schleier-dame* (Dictyophora duplicata) *(unten).*

Zerklüftete, mit Dipterocarpaceen-Wäldern bedeckte
und von einem Netz von Bächen und Flüssen durchzo-
gene Bergketten sind charakteristisch für das Innere
Borneos. Auf der ganzen Insel werden diese Wälder
mittlerweile von der Holzindustrie erschlossen. In Brunei
jedoch hat der auf den Ölvorräten des Landes beru-
hende Wohlstand bislang die Abholzung von Wäldern
weitestgehend überflüssig gemacht. Die Wälder am
Oberlauf des Temburong (links) stehen vollständig unter Naturschutz, und in Kuala Belalong ist ein Zentrum
für Feldstudien entstanden. Die Erhabenheit und Vielfalt
der Pflanzen in den Dipterocarpaceen-Wäldern erschließen sich dem Besucher, wenn er den Wald aus verschiedenen Perspektiven betrachtet (oben und rechts).

Oben: *Das Anfang 1991 erbaute Kuala Belalong Field Studies Centre kam schon bald zu internationalem Ansehen als Hauptquartier einer 15monatigen Expedition, die gemeinsam von der Universität von Brunei Darussalam und der Royal Geographic Society durchgeführt wurde. Rund 50 Wissenschaftler aus acht Ländern nahmen an über 33 Kurzprojekten und neun längerfristigen Studien teil, deren Ziel es war, Hintergrundinformationen für die Entwicklung des Forschungszentrums zu sammeln. Zu diesen Projekten zählten Untersuchungen von Ameisen, Termiten, Asseln, Käfern, Fröschen, Vögeln, Fledermäusen, Farnen und Rotangpalmen. Nach Beendigung der Expedition wurde das Forschungszentrum auch für Besucher geöffnet.*

Links: *Holzige Lianen klettern in ihrem Streben nach Licht an Bäumen empor und winden sich durch das Blätterdach des Waldes. Lianen vergrößern die Vielfalt des Lebens im Regenwald, indem sie Tieren Nahrung, Möglichkeiten der Fortbewegung und Lebensraum bieten.*

Gegenüber: *Ein kleiner Nebenfluß des Temburong. Zahlreiche derartige Wasserläufe entwässern die Insel Borneo und liefern dabei nicht nur Tieren, sondern auch Menschen Trinkwasser. Außerhalb städtischer Gebiete sind die meisten menschlichen Gemeinschaften zur Deckung ihres täglichen Wasserbedarfs im Haushalt mehr oder weniger auf Bäche oder Flüsse angewiesen. In einigen Gegenden werden kleine Bäche im Wald aufgestaut und ihr Wasser durch Rohre aufgrund der Schwerkraft in die weiter unten gelegenen Dörfer geleitet.*

VORHERIGE SEITEN
*Ein Blick vom Gipfel des Bukit Belalong in Brunei auf das Inselinnere, dessen mit dichtem Wald bewachsene Berge in Wolken gehüllt sind.*

Von allen Pflanzenfamilien Borneos sind die Orchideen mit den meisten Arten vertreten; insgesamt dürften es um die 3000 sein. Die Blüten der meisten sind klein und unscheinbar, manche aber auch von außergewöhnlicher Schönheit.

Links oben: *Die erstmals von John Whitehead – dem ersten Zoologen, der auf dem Gunung Kinabalu Forschungen betrieb – gesammelte* Paphiopedilum rothschildianum *ist ein extrem seltener und schöner Frauenschuh, der bis heute nur an zwei Stellen am Fuß des Berges gefunden wurde.*

Oben: Vanda dearei, *eine früher an den Ufern der größeren Flüsse Borneos weitverbreitete epiphytische Orchidee von hohem gärtnerischen Wert, ist durch kommerzielles Sammeln und Rodungen von Wäldern heute sehr viel seltener geworden.*

Links unten: Renathera bella, *eine besonders schöne Orchidee, die sicher bestens zur Züchtung für den Schnittblumenmarkt geeignet wäre, gedeiht ausschließlich auf wenigen – schwermetallreichen – ultrabasischen Böden in Sabah.*

GEGENÜBER

Oben links: Phalaenopsis pantherina *mit ihren auffälligen, lange haltbaren Blüten ist auf Borneo weit verbreitet; sie kommt jedoch nicht in geschützten Gebieten vor und soll vom Aussterben bedroht sein.*

Mitte links: Trichoglottis smithii, *eine weitere gefährdete Orchidee, ist nur in Sabah anzutreffen.*

Oben rechts: Vanda hookeriana, *eine Orchideenart der Torfmoorsümpfe, unweit des Flusses Sekunir im Tanjung Puting National Park in Kalimantan.*

Unten links: Bulbophyllum uniflorum, *die der größten Orchideengattung Borneos angehört, wächst an schattigen Standorten in den Wäldern Westborneos.*

Mitte und unten rechts: *Die bemerkenswerte* Dimorphorchis lowii *weist auf einer einzigen Pflanze zwei unterschiedlich gefärbte Blüten auf.*

Gegenüber: *Der Gunung Kinabalu (4101 m) ist nicht nur der höchste Berg Borneos, sondern ganz Südostasiens. Seine erhabenen Gipfel sind an klaren Tagen von den meisten Teilen Nordsabahs aus zu sehen. Die mittleren Höhenlagen des Gunung Kinabalu sind mit relativ niedrigen Bergwäldern bedeckt (oben), die sich von den Dipterocarpaceen-Wäldern in den Regionen weiter unten stark unterscheiden. Vor allem Vertreter der Eichen, Myrten- und Lorbeergewächse sowie der Koniferen sind hier weit verbreitet.*

Rechts: *Auf den Gunung Kinabalu führt ein gepflegter Pfad, der nahezu 20 000 Besuchern im Jahr den Aufstieg zum Gipfel ermöglicht.*

Der Gunung Kinabalu beherbergt ein ungeheuer vielfältiges pflanzliches Leben, vielleicht sogar das weltweit vielfältigste überhaupt auf einer so begrenzten Fläche. Die montane Vegetation oberhalb von rund 1500 m Höhe umfaßt sowohl reine Tropenpflanzen als auch eine große Bandbreite von Arten, die eng mit Pflanzen aus gemäßigten Regionen, wie Taiwan, Südjapan, China und Neuseeland, verwandt sind. Neben Bäumen der auf Seite 79 erwähnten Familien gibt es beispielsweise auch Bäume und Sträucher der Magnolien-, der Anis- und der Zaubernußgewächse sowie endemische Himbeeren und Hahnenfußgewächse.

Oben links: *Eine* Schefflera-*Art, ein kleiner Baum nahe dem Verwaltungsgebäude des Kinabalu National Park. Die Wurzeln und Blätter werden von einigen dörflichen Gemeinschaften zu Heilzwecken genutzt.*

Oben rechts: *Die reizvoll aussehenden reifenden Früchte einer* Clerodendrum-*Art.*

Mitte: *Die Kinabalu-Balsamine (*Impatiens platyphylla*), ein Kraut, das an feuchten, felsigen Stellen des Gunung Kinabalu wächst.*

Unten links: Vaccinium stapfianum, *eine kompakte, buschige Pflanze, deren junge Blätter rot gefärbt sind.*

Unten rechts: Schima breviforma, *ein zur Familie der Teestrauchgewächse gehörender Strauch in 3700 m Höhe. Die schneeweißen Blüten dieser Pflanze bilden einen hübschen Kontrast zu ihren dunklen Blättern.*

Ein Blick auf die Gipfel des Gunung Kinabalu (oben) vom oberen Bereich der montanen Vegetationszone bei Panar Laban (3300 m Höhe). Der Gipfelbereich besteht aus nacktem Granit, der vor weniger als einer Million Jahren durch die Erdoberfläche nach oben ge-drückt wurde. Eine viele hundert Meter dicke über dem Granit liegende Schicht aus Sand- und Schlamm-stein wurde durch Erosion abgetragen. Während der letzten Eiszeit war der Gipfel mit Eis bedeckt, das vor weniger als 10 000 Jahren wegschmolz. Auf dem Gipfelplateau (rechts) sind noch heute Findlinge sowie Rinnen zu erkennen, die durch Felsschub aus dem Gestein geschliffen wurden, das sich zwischen dem Berggipfel und dem Eis erstreckte.

Die Crocker Range bildet das bergige Rückgrat des westlichen Sabah. Die Gipfel des Bergrückens erreichen Höhen zwischen 900 und fast 1500 m über NN (links). Die 1984 zum Nationalpark erklärte Crocker Range stellt ein bedeutendes Sammelbecken für die Reisanbaugebiete in den Ebenen und Tälern der Umgebung dar. Das südliche Ende der Crocker Range wird vom Padas (unten) durchschnitten, der eine Schlucht gegraben hat. Anfang des 20. Jahrhunderts baute die britische Nordborneo-Kompanie eine Bahnlinie entlang der Padas-Schlucht. Die Strecke, die noch heute in Betrieb ist, verbindet die Städte Tenom, Beaufort und Kota Kinabalu miteinander.

Gegenüber: *Die schöne Insel Pulau Tiga („Drei-Insel") liegt vor der Westküste Sabahs. Ihr Name bezieht sich auf die Form der Insel, die aus drei niedrigen Gipfeln besteht. Das mit Stränden aus weißem Korallensand umsäumte, vollständig mit natürlich gewachsenem Wald bedeckte Pulau Tiga wurde im Jahr 1978 zusammen mit zwei kleineren Inseln zum Naturpark erklärt.*

Das ursprünglich in den 30er Jahren zur Deckung des örtlichen Holzbedarfs gegründete Sepilok Forest Reserve bei Sandakan im Osten Sabahs wurde 1957 zum absolut geschützten Gebiet erklärt. Noch heute sind hier Beispiele der natürlichen Dipterocarpaceen-Wälder (oben) erhalten, die ansonsten aus der Gegend um Sandakan weitgehend verschwunden sind. Das Schutzgebiet weist auch Beispiele von Heidewäldern auf. Unter den zahlreichen verschiedenen Pflanzen im Sepilok Forest Reserve sind auch kletternde Feigen (links). Ihre appetitlich aussehenden, orangengroßen Früchte sind in Wahrheit hart, adstringierend und voller Milchsaft.

Die Küstenzone Ostborneos unterscheidet sich von der im Westen der Insel. Im Osten sind die Mangrovenwälder sehr viel weitläufiger. Mangrovenwälder entwickeln sich in Wattzonen, die häufig vom Meer überflutet werden; sie bieten zahlreichen Meereslebewesen, wie Fischen, Weichtieren und Garnelen, Nahrung und Unterschlupf. Früher waren Mangroven wichtige Quellen für Holzkohle und Tannin (zum Gerben von Leder und Seilen), und noch immer werden Pfähle aus Mangrovenholz für den Hausbau verwendet. Landeinwärts der Mangrovenzone trifft man in Ostborneo auf weite Süßwassersümpfe, die mit hügeligen, fruchtbarem Tiefland durchsetzt sind – ganz im Gegensatz zu den unfruchtbaren, sandigen Ebenen und Torfmooren Westborneos.

Rechts: *Der Fluß Segaliud in Sabah. An seinem Ufer wachsen Nipapalmen und alte Durianbäume.*

Unten: *Ein Kanal durch den Mangrovenwald an der Mündung des Labuk in Sabah.*

Die Dipterocarpaceen-Wälder Nordostborneos gehören zu den großartigsten der gesamten Insel. Sie umfassen weitläufige Bestände riesiger, vielfach über 50 m hoher Bäume und einen Unterbewuchs mit den verschiedenartigsten kleinen Bäumen, Kletterpflanzen, Palmen, Sträuchern und Kräutern. In den Wäldern leben zahlreiche Tiere, darunter Affen, Wildkatzen, Bären, Elefanten, Hornvögel und Fasane. Beispiele dieser Art von Wald, und zwar sowohl ausgeholzte als auch in ihrem ursprünglichen Zustand belassene, sind besonders gut im Ulu Segama Forest Reserve im Osten Sabahs anzutreffen.

Oben: Dipterocarpaceen-Bergwald, aufgenommen von einer Straße im Ulu Segama Forest Reserve. In diesem weiten Gebiet mit seinen geologisch sehr kompliziert aufgebauten Bergketten werden neuartige, schonendere Ausholzungsmethoden sowie die Anpflanzung von Nutzholzsämlingen erprobt. Der nahe gelegene Gunung Silam, ein kompakter küstennaher Berg aus ultrabasischem Gestein am Eingang der Holzabfuhrstraße, gilt unter Botanikern als einer der interessantesten natürlichen Lebensräume Sabahs.

Links: Tiefland-Dipterocarpaceen-Wald am Ufer des Segama in der Danum Valley Conservation Area, einem Teilgebiet des Ulu Segama Forest Reserve. Im Danum-Tal befindet sich eine bekannte Forschungsstation für Feldstudien, in der zahlreiche biologische Untersuchungen über die Unterschiede zwischen altem Baumbestand und ausgeholzten Dipterocarpaceen-Wäldern durchgeführt wurden.

Die Inseln vor der Küste Nordostborneos sind nicht nur landschaftlich reizvoll, sondern auch wichtig für das Überleben einer Reihe seltener und ungewöhnlicher Tierarten. Zu diesen gehören die Meeresschildkröten, die an den sandigen Stränden ihre Eier ablegen, und ein bizarr anmutendes Großfußhuhn (Megapodius freycinet). Auch die Korallenriffe um diese Insel herum zeichnen sich gleichermaßen durch ihre Schönheit und ihre Bedeutung für zahlreiche Meereslebewesen aus.
Oben: *Die Insel Pulau Sipadan, ein weltberühmtes Taucherparadies, ragt aus einer Tiefe von etwa 600 m aus dem Meer. Deutlich ist ihr Korallenriff zu erkennen.*
Rechts: *Inseln in der Darvel Bay, aufgenommen vom Fuß des Gunung Silam in Sabah. Diese Inselgruppe umfaßt sowohl ultrabasisches Gestein als auch die Gipfel erloschener Vulkane und alte, nun über dem Meeresspiegel liegende Korallenriffe.*

FOLGENDE SEITEN
*Ein tropischer, weißer Sandstrand auf einer der Inseln vor Semporna in Sabah.*

Die Vielfalt der Kräuter, Sträucher und kleinen holzigen Pflanzen auf Borneo tritt gegenüber den auffälligeren Bäumen der Insel häufig in den Hintergrund. Die oft unscheinbar wirkenden Blüten und Früchte zahlreicher Arten enthüllen dem Betrachter erst bei näherem Hinsehen ihre außergewöhnliche Schönheit.

Oben: Mussaenda frondosa *bei Bario im Norden Sarawaks. Die kleinen, zarten Blüten sind so wohlriechend, daß sie früher in einigen Gegenden zu einem Duftstoff verarbeitet wurden; die großen, weißlichen Kelchblätter können als Gemüse gegessen werden, während die grünen Blätter zu Heilzwecken dienen.*

Links Mitte: Costus speciosus *aus der Familie der Ingwergewächse im Niah National Park von Sarawak. Die fleischigen Rhizome dieser Pflanze sind eßbar; werden andere Nahrungsmittel knapp, greift die eingeborene Bevölkerung auf sie zurück. Sie sollen auch medizinisch wirksame Eigenschaften besitzen.*

Links unten: *Ein kleinwüchsiger Baum der Gattung* Baccaurea *mit seinen säuerlichen Früchten im Ulu Segama Forest Reserve in Sabah.*

GEGENÜBER
Oben: Dianella ensifolia, *ein Kraut, dessen Früchte, Wurzeln und Blätter mitunter in traditionellen Heilmitteln Anwendung finden.*

Unten links: *Ein an Flüssen wachsender Busch der Gattung* Dillenia *am Menanggul, einem Nebenfluß des Kinabatangan in Sabah.*

Unten rechts: *Eine Begonienart – eine von zahlreichen so gut wie unbekannten Kräuterarten des Waldes, die man durchaus als Zierpflanzen kultivieren könnte – im Ulu Segama Forest Reserve in Sabah.*

Oben: *Pulau Sangalakki vor der Küste Ostkalimantans ist eine hübsche, von Palmen und weißen Sandstränden gesäumte, kleine Insel. Das Korallenriff, das sie umgibt, läßt die Insel zu einem immer beliebteren Ziel für Taucher werden.*

Oben: *Am Ufer des Sangatta unweit des Kutai Natio-nal Park in Ostkalimantan.* Mangifera caesia *ist eine Baumart, die zur Gattung* Mango *gehört und die bei den Einheimischen unter verschiedenen Namen wie Belunu, Bundu oder Wanyi bekannt ist. Mangobäume wachsen auf Borneo wild, sind aber auch häufig in alten Obstgärten anzutreffen. Die hier abgebildet Exemplare deuten darauf hin, daß hier vor länger Zeit ein Dorf gestanden haben dürfte. Die Früc dieser Bäume haben einen einzigartig aromat sahnigen und leicht bitteren Geschmack.*

Links: *Mangrovenbäume der Gattung R bei Ebbe nahe dem Kutai National Pr Höhe und der Abstand zwischen ih Schluß zu, daß der Wald an dies wirtschaftlicher Nutzung noch natürliche Weise zu regeneri*

Gegeni scher unr

Oben: *Pulau Sangalakki vor der Küste Ostkalimantans ist eine hübsche, von Palmen und weißen Sandstränden gesäumte, kleine Insel. Das Korallenriff, das sie umgibt, läßt die Insel zu einem immer beliebteren Ziel für Taucher werden.*

Oben: *Am Ufer des Sangatta unweit des Kutai National Park in Ostkalimantan. Mangifera caesia ist eine Baumart, die zur Gattung Mango gehört und die bei den Einheimischen unter verschiedenen Namen wie Belunu, Bundu oder Wanyi bekannt ist. Mangobäume wachsen auf Borneo wild, sind aber auch häufig in alten Obstgärten anzutreffen. Die hier abgebildeten Exemplare deuten darauf hin, daß hier vor längerer Zeit ein Dorf gestanden haben dürfte. Die Früchte dieser Bäume haben einen einzigartig aromatischen, sahnigen und leicht bitteren Geschmack.*

Links: *Mangrovenbäume der Gattung Rhizophora bei Ebbe nahe dem Kutai National Park. Ihre niedrige Höhe und der Abstand zwischen ihnen lassen den Schluß zu, daß der Wald an dieser Stelle trotz starker wirtschaftlicher Nutzung noch in der Lage ist, sich auf natürliche Weise zu regenerieren.*

Gegenüber: *Ein Tiefland-Dipterocarpaceen-Wald zwischen Samarinda und Bontang in Ostkalimantan. Die unregelmäßige Silhouette des Waldes läßt erkennen, daß er ausgeholzt wurde. Bleibt er aber von Waldbränden, erneuter Ausholzung oder Rodung durch Bauern verschont, kann sich ein Wald wie dieser auf natürliche Weise regenerieren.*

Oben: *Überflutete Bäume im Semayang-See unweit des Flusses Mahakam in Ostkalimantan. Süßwasserseen wie dieser sind sehr reich an Fischen, die von Menschen und Tieren gleichermaßen begehrt sind.*

Links: *Das Dorf Longnawan im oberen Kayan-Tal in Ostkalimantan. Solche Dorfgemeinschaften im Landesinnern waren von alters her weitestgehend Selbstversorger, vor allem im Hinblick auf Lebensmittel. Ihre Grundnahrungsmittel sind sowohl Sumpf- als auch Bergreis. Die meisten Bäume in dieser Landschaft tragen eßbare Früchte oder liefern andere nützliche Produkte wie Rinde (zur Herstellung von Körben und zur Verkleidung von Hauswänden), Rohstoffe für Naturheilmittel oder klebrigen Latex (der, auf entsprechende Oberflächen gestrichen, zum Einfangen von Vögeln dient, da deren Füße auf ihm haftenbleiben).*

Borneo ist reich an wilden Ingwergewächsen, die als Würzmittel und als medizinische Substanzen dienen könnten und teilweise auch als Zierpflanzen geeignet sind. Die Blüten sind meist rötlich gefärbt und fleischig, in Form und Größe aber sehr unterschiedlich.
Oben links: Hedychium muluensis *im Norden Sarawaks.*
Oben Mitte: *Eine Zingiber-Art in der Nähe Barios in nördlichen Sarawak.*
Oben rechts: *Ein noch nicht beschriebenes Ingwergewächs im Kutai National Park in Ostkalimantan.*

Die bizarre Riesenblume (Rafflesia) *mit ihrer fast 1 m großen Blüte ist eine parasitische Pflanze, die – selbst weder Stengel noch Wurzeln oder Blätter besitzend – nur auf den Wurzeln und Stämmen von Lianen der Gattung* Tetrastigma *gedeihen kann.*
Rechts Mitte: Rafflesia pricei *in ihrem natürlichen Lebensraum auf einer Wirtsliane im Rafflesia Virgin Jungle Reserve von Sabah.*
Unten rechts: Rafflesia tuan-mudae.
Unten links: *Die im Jahr 1988 entdeckte* Rafflesia tengkuadlinii.

Links und gegenüber: *Am Ufer des Rungan nahe Pa-langkaraya. Diese Gegend besteht aus weitläufigen, tiefgelegenen und recht sumpfigen Ebenen mit Sand- oder Torfböden und meist relativ niedrigen Wäldern.*

Unten: *Einer der zahlreichen Kanäle im Überschwem-mungsgebiet des mächtigen Barito südlich von Banjar-masin in Südkalimantan. Der Wasserspiegel schwankt mit den Gezeiten und der Intensität der Regenfälle.*

Oben: *Permanent mit Wasser vollgesogene Böden wie dieser hier kommen in der Küstenzone Südborneos recht häufig vor. Gewöhnlich sind sie mit dichter, buschiger Vegetation bedeckt; höhere Bäume wachsen hier nicht.*

Gegenüber: *Der Sekunir durchfließt den Tanjung Puting National Park in Zentral-kalimantan. Noch heute sind Flußboote in weiten Teilen Südborneos, wo sie als* klotok *bezeichnet werden, das wichtigste Verkehrsmittel. Die Wälder am Ufer des Sekunir sind ein wichtiger Lebensraum des bemerkenswerten Nasenaffen.*

Rechts: *Ein wildes Heidekraut der Gattung* Vaccinium *am Sekunir im Tanjung Puting National Park.*

# DIE MENSCHEN

Seit mindestens 40 000 Jahren leben Menschen auf Borneo, dessen sehr heterogene heutige Bevölkerung zahlreiche Sprachen, Kulturen, Lebensweisen und Religionen umfaßt. Diese Vielfalt ist die Folge jahrhundertelanger Verlagerung von Siedlungen, der Vermischung zwischen den Volksgruppen, des Handels und der Einwanderung aus anderen Teilen Asiens. Das Leben der verschiedenen ethnischen Gruppen wurde zu einem nicht unerheblichen Teil auch durch die unterschiedlichen Landschaften der Insel geprägt.

Die muslimischen Gemeinschaften der Küstenregionen, die etwa zwei Drittel der Gesamtbevölkerung Borneos ausmachen, sind aus einer Vermischung einheimischer Gruppen mit Siedlern aus anderen Teilen Asiens hervorgegangen. Einige Gruppen sind traditionell Händler, andere Fischer, wieder andere Bauern und einige wenige Handwerker. Manche leben in großen Pfahldörfern über dem Meer, andere auf Terrassen an den Flußufern oder in den Küstenebenen. In den vergangenen Jahren sind viele für immer in die Stadt gezogen. Obwohl die meisten sich in erster Linie als Malaien fühlen, sind einige Volksgruppen noch immer stolz auf ihre spezifische kulturelle Identität. Die Brunei-Malaien beispielsweise führen ihre Herkunft auf das früheste Zentrum des bereits über tausend Jahre alten Handels zwischen Borneo und China zurück. Trotz dieser alten Handelsbeziehungen zu China begannen die Chinesen erst um 1750, sich in größerer Zahl auf Borneo niederzulassen. Noch immer sind die Chinesen überwiegend Kaufleute; besonders in den städtischen Zentren Sarawaks und Sabahs haben sie den Handel weitgehend im Griff.

Die Bauern im Landesinnern – die Iban und Bidayuh von Sarawak, die Kayan Kenyah und Kelabit-Lun-Bawang des zentralen Hochlands, die Maloh Westkalimantans, die weit verstreut lebenden Barito im Süden der Insel oder die Dusun-Kadazan-Murut-Volksgruppe Sabahs – siedelten sich ursprünglich an den Flüssen an, von denen aus sie nach und nach ins Innere Borneos vorstießen. Sie errichteten für die gesamte Dorfgemeinschaft Langhäuser, die noch immer den Mittelpunkt der Kultur mancher Volksgruppen bilden. Viele ihrer Traditionen blieben bis heute lebendig, darunter auch ihre Religionen, die auf dem Glauben an eine übernatürliche Welt guter und böser Geister beruhen. Ihre Methode des Reisanbaus im Brandrodungs-Wanderfeldbau und das Sammeln von Erzeugnissen des Waldes zeigen, wie eng ihr Leben mit dem Wald verknüpft ist.

Oben: *Ein Langhaus im Dorf Mancong, Tanjung Isuy, Ostkalimantan. Obwohl dieses Langhaus für Besucher und Touristen gebaut wurde, verdeutlichen seine Schnitzereien und Tischlerarbeiten die traditionelle Bedeutung des Holzes für die verschiedenen Dayak-Gemeinschaften Südborneos. Am Eingang (gegenüber) sehen wir die Art von Leiter, über die man früher ein Langhaus betrat: einen mit Kerben versehenen Eisenholzstamm.*

VORHERIGE SEITEN

Seite 100, oben links: *Eine Kelabit-Frau in Bario, Sarawak. Sie trägt einen Mehrzweckkorb aus geflochtenem Rotang, der von einem Stirnriemen gehalten wird und zum Tragen aller möglichen Gegenstände, von Geräten für die Feldarbeit bis zu landwirtschaftlichen Erzeugnissen, Verwendung findet.*
Oben rechts: *Eine typische Marktszene oberhalb des Brunei-Flusses in Bandar Seri Begawan, der Hauptstadt Brunei Darussalams. Ältere Frauen und Männer überlassen den jüngeren die anstrengenderen Arbeiten und tragen zum Familieneinkommen bei, indem sie Obst und Gemüse aus dem eigenen Garten verkaufen.*
Unten links: *Bauern der Bajau während einer Rastpause beim wöchentlichen tamu (Markt) in Kota Belud in Westsabah.*
Unten rechts: *Eine Bugi-Mutter mit ihrem Kind, das selig in einem Sarong schläft, den die Mutter an einem Balken eines „Flußtaxis" auf dem Mahakam in Ostkalimantan aufgehängt hat.*
Seite 101: *Brennholzverkäufer in Banjarmasin, der Hauptstadt Südkalimantans.*

Oben: *Eine auf Pfählen stehende Reiskammer, die gemeinsam von einer Dorfgemeinschaft in der Region Longnawan in Ostkalimantan genutzt wird. Sie ist mit den für die Kenyah typischen Verzierungen versehen.*

Auf ganz Borneo werden viele Aspekte der althergebrachten Kultur am Leben gehalten. Oben links: *Ein Dayak-Tänzer bei einem Fest in Kuching. Er trägt eine Kombination aus traditioneller und moderner Kleidung.* Oben: *Diese Schmuckgegenstände aus Silber gehören einer Iban-Familie in Sarawak.* Unten links: *Ein Fest der Iban in einem Langhaus bei Marudi, Sarawak. Aus Anlaß des Festes wurden Matten aus geflochtenen Pflanzenfasern ausgelegt und die alten, an indonesische Gamelans erinnernden Gongs aus Messing aufgebaut.* Gegenüber: *Junge Iban-Frauen in einem Langhaus in der Gegend von Limbang im Norden Sarawaks mit traditionellem Silberschmuck sowie in leuchtenden Farben gehaltenen modernen, aber auf alten Iban-Motiven beruhenden Glasperlenarbeiten und farbenprächtigen Sarongs, die zu jeder Volksgruppe auf Borneo gehören könnten.*

VORHERIGE SEITEN
*Ein Dorf bei Tanjung Isuy am Mahakam in Ostkalimantan. Die Bewohner haben sich entschlossen, in Einfamilienhäusern statt im herkömmlichen Langhaus zu leben. Trotzdem bauen sie ihre Häuser nach wie vor unter Verwendung traditioneller Materialien und Stilelemente, wie Eisenholzschindeln und der erhöhten Plattformen, auf denen ihre Häuser stehen. Die Wasserstraße hat verschiedene Funktionen im Leben der Dorfbewohner; sie waschen ihre Wäsche und baden darin und benutzen sie mit ihren Einbäumen als Transport- und Verkehrsweg,*

Oben: *Ein Langhaus der Iban am Fluß Rajang. Die Lage deutlich oberhalb des höchsten Wasserstands und die Bauart entsprechen alter Tradition. Wie in vielen Teilen Nord- und Westborneos ist das Dach jedoch inzwischen mit Wellblech statt wie früher mit Eisenholzschindeln oder Palmstroh gedeckt.*

Links: *Ein Iban, der am Rajang in Kapit lebt. Stolz seine Tätowierungen zur Schau stellend, kaut der agile, schlanke Mann vor einem Laden Betelnuß (eine frisch zubereitete Mischung aus Betelpfefferblatt, dem Samen der Arecapalme und gelöschtem Kalk).*

Oben: *Iban-Kinder im Langhaus von Pyot bei Marudi, Sarawak. Wie fast alle ihre Altersgenossen auf Borneo gehen sie zur Schule und stehen irgendwann vor der schwierigen Wahl, in einer dörflichen Gemeinschaft zu bleiben oder in die Stadt zu ziehen, sei es anderswo in Sarawak oder gar auf der Malaiischen Halbinsel.*

Rechts: *Eine Iban-Familie in Kapit, Sarawak. Sie ist hierhergekommen, um Vorräte wie Kerosin, Streichhölzer, Seife, Zucker und Salz zu kaufen.*

Oben: *Die Stabilität der Dorfgemeinschaft der Kelabit spiegelt sich im harmonischen Beisammensein dreier Generationen wider.*

Rechts: *Der Dorfvorsteher und seine Frau vor der heimischen Kochstelle im Langhaus von Long Dano im Kelabit-Hochland.*

GEGENÜBER

Oben: *Bario ist die größte mehrerer alter Siedlungen der Kelabit im Norden Sarawaks. Charakteristisch für die Gegend sind bewässerte Reisfelder, Bauernhäuser und zentral gelegene Gemeinschaftsgebäude.*

Unten: *Wie in vielen Teilen Borneos stellt auch bei den hier abgebildeten Kelabit die Kopfbedeckung eine willkommene Möglichkeit dar, traditionelle Moden und Motive zu bewahren, auch wenn ihre sonstige Alltagskleidung wie fast überall auf der Welt aussieht. Die Kopfbedeckung des Mannes auf dem Photo rechts besteht unter anderem aus Federn eines Hornvogels und Zähnen des Nebelparders.*

Oben: *Szenen aus einem Dorf der Kenyah bei Long-nawan in Ostkalimantan. Die Brücke besteht aus mit Rotang zusammengebundenen Bambusstämmen.*
Rechts: *Beim Kochen von Reis, dem wichtigsten Nahrungsmittel der meisten Dorfgemeinschaften Borneos.*

Gegenüber: *Ein Penan-Kind in einer Siedlung bei Gunung Mulu, Sarawak. Die Mehrheit der vor noch nicht allzu langer Zeit ausschließlich nomadisch lebenden Penan, die einst vollständig von den Erzeugnissen des Waldes lebten, ist mittlerweile seßhaft geworden.*

Oben: *Kampung Air, das Dorf auf dem Wasser in Bandar Seri Begawan, Brunei, besteht aus 40 einzelnen Sektionen, von denen jede ihren eigenen Vorsteher hat. Hier lebt die größte Gemeinschaft von Brunei-Malaien auf ganz Borneo, wie es auch schon im Jahr 1521 der Fall war, als Antonio Pigafetta, der Chronist von Magellans Flotte, in die Bucht von Brunei kam.*

Links: *Die 1958 erbaute Omar-Ali-Saifuddin-Moschee, aufgenommen von Kampung Air.*

Oben: *Alltagsszene in Kampung Air. Die Fortbewegung in dem auf dem Wasser erbauten Dorf geschieht über Holzstege oder mit Boottaxis. Die auf Pfählen stehenden Häuser werden vom Festland aus mit Wasser und Strom versorgt, doch fördert die Regierung von Brunei die Umsiedlung der Bewohner in Häuser auf dem festen Land.*

Rechts: *Nach dem Fang gesäuberte und zum Trocknen aufgehängte Fischernetze in Kampung Air.*

Ebenso wie Bandar Seri Begawan bestehen auch die meisten anderen Küstenorte Borneos entweder ganz oder teilweise aus einem über dem Wasser erbauten Dorf. Das größte von allen findet man in Banjarmasin in Südkalimantan mit seinem „schwimmenden Markt" (gegenüber). In Banjarmasin wird im Fluß Barito, der unter dem Einfluß der Gezeiten an- und abschwillt, sowohl die Wäsche gewaschen als auch das Essen vorbereitet (oben).

Rechts: *Junge malaiische Frauen setzen beim Dorf Bako an der Küste Sarawaks unweit von Kuching über den Fluß – ein typisches Bild in einem Land, wo die Flüsse noch immer die Hauptverkehrsader unzähliger Dörfer und Städte darstellen.*

Der Reisanbau bildet für die meisten Volksgruppen in den unterschiedlichsten Landschaften des Landesinnern die Grundlage ihrer traditionellen Wirtschaft.

Oben: *Das Tambunan-Tal in Sabah, die Heimat der Tambunan Dusun, liegt – umgeben von den Bergketten der Crocker Range und der Trus Madi Range (ganz im Hintergrund) – etwa 550 m über dem Meeresspiegel. Im fruchtbaren Schwemmland des Tals wird Sumpfreis angebaut, während die nahen Hügel mit Bergreis, Bambus, Obstgärten und Sekundärwäldern bedeckt sind.*

Links: *Ein Bauernhof der Bidayuh im hügeligen Tiefland im Süden Sarawaks, auf dessen Feldern Bergreis angebaut wird. Das Haus ist ein provisorisches Gebäude, dessen Hauptzweck darin besteht, die Ernte ständig gegen die Raubzüge der samenfressenden Schilffinken zu verteidigen, die andernfalls die gesamte Ernte vernichten könnten. Unweit vom Haus steht noch Sekundärwald, dessen Baumsamen für einen Neubewuchs der Reisfelder sorgt, sobald diese aufgegeben worden sind. Das Brachliegen von Land am Rand von Wäldern ist die Grundlage des ständigen Brandrodungs-Wanderfeldbaus in den meisten Teilen Borneos.*

GEGENÜBER

Oben: *Pfahlbauten der Illanun mit Dächern aus dem Stroh der Nipapalme in der sandigen Tempasuk-Ebene an der Küste Westsabahs. Unter anderem werden hier Bergreis und Mais angebaut. Das offene Grasland der Ebene wird durch Weidetiere und absichtlich gelegte Buschbrände in diesem Zustand gehalten. Der an sich unfruchtbare Boden wird von Herden von Wasserbüffeln, Rindern und Pferden gedüngt.*
Unten: *Am fruchtbareren, lehmigen inneren Rand der Tempasuk-Ebene bauen die Dusun-Bauern Sumpfreis an. Hier bringen junge Leute gerade die Reisernte ein.*

Der Gunung Kinabalu, hier von der Tempasuk-Ebene aus gesehen, ist für die Menschen Sabahs in verschiedener Hinsicht von Bedeutung. In der Vergangenheit sollen die in der Umgebung lebenden Dusun den Berg für den Wohnort der Geister ihrer Ahnen gehalten haben. Heute verdienen einige dieser Dorfgemeinschaften gutes Geld mit dem Anbau von Gemüse auf den mittleren Hangabschnitten an der Südseite des Berges. Für mehrere Gemeinden des Tieflands stellt der Kinabalu eine wichtige Quelle von Süßwasser dar.

Regelmäßig stattfindende Märkte, auf denen täglich oder auch einmal in der Woche, im Monat oder im Jahr alle nur denkbaren Waren angeboten werden, gibt es in vielen Teilen Borneos. Der Markt von Kota Belud in Sabah (oben) wird jeden Sonntag abgehalten.

Unten: *In einigen Küstengegenden Borneos, vor allem im Norden Sarawaks und im Südwesten Sabahs, stellt seit jeher die Sagopalme* (Metroxylon sagu) *die wichtigste Quelle auch für Diabetiker geeigneter Kohlenhydrate dar. Die Palme wird unmittelbar vor der Blüte gefällt, wenn der Stamm besonders viel Stärke enthält. Dann wird der Stamm in Scheiben geschnitten, pulverisiert und in fließendem Wasser geschüttelt. Das Wasser wird aufgefangen und die Stärke extrahiert. Hier extrahiert gerade ein Bisaya-Mann Sagostärke im Schatten seiner Kautschukplantage.*

Flüsse und Süßwasserseen liefern einigen Dorfgemeinschaften Borneos bedeutende Mengen an Fisch.
Oben: *Das Haus eines Fischers inmitten vom Kaha-
yan-Fluß in Zentralkalimantan.*
Links: *Eine Familie der Orang Sungai inspiziert ihr
Netz, das quer über einen See in der Nähe des Kinabatangan in Ostsabah gespannt ist. Dieser spezielle
See liegt inmitten einer von der Regierung Sabahs an-
gelegten Rotangplantage. Die Rotangpalmen werden
in abgeholzten, auf dem Weg der Regeneration befindlichen Sekundärwäldern angepflanzt, was dem
Wald zugute kommt und die Fischereiwirtschaft vor
schädlicheren Arten der Landnutzung bewahrt.*

Oben: *Ein Fischer auf dem großen, aber flachen Sema-yang-See nahe dem Fluß Mahakam in Ostkalimantan. Zum Fang von Süßwasserfischen werden auf Borneo die unterschiedlichsten Methoden angewandt. Häufig werden wie hier Netze an der Mündung eines Zuflus-ses in einen See oder einen Fluß zwischen Stangen oder auch quer über den gesamten Fluß oder See gespannt. In flachen Gewässern finden oft auch Wurf-netze Verwendung. Mitunter werden auch natürliche Pflanzengifte eingesetzt, um Fische zu betäuben, die dann per Hand oder mit kleinen Netzen aus dem Wasser geholt werden. Zum Fangen großer Fische verwendet man häufig Angelhaken und -schnüre.*

Rechts: *Ein Selakau-Mann von der Volksgruppe der Bidayuh fertigt im Langhaus von Pueh in Sarawak eine Fischreuse aus Rotang. Solche Reusen werden meist an den Flußufern ausgelegt. Ähnliche Reusen, in denen man Stückchen von Kokosnüssen als Köder befestigt, werden auch an den Unterläufen vieler Flüsse zum Fang von Süßwassergarnelen eingesetzt.*

Hinsichtlich der Fangmengen und der Zahl der Beschäftigten ist die Meeresfischerei auf Borneo sogar noch bedeutender als die Süßwasserfischerei. Viele Arten von Seefischen sind, vor allem in den ersten Phasen ihres Lebenszyklus, als Zufluchtsort und Nahrungsquelle entweder auf Mangrovenwälder oder auf Korallenriffe angewiesen. Die Zerstörung der Mangrovenwälder zieht deshalb einen Rückgang der Fangmengen nach sich. In einigen Gegenden wird Fisch mit Unterwasserbomben gefangen, eine äußerst zerstörerische Form des Fischfangs, die bereits etliche Korallenriffe vor der Nordküste Borneos vernichtet hat.

Oben: *Fischer verkaufen ihren Fang in Bandar Seri Begawan, Brunei.*
Gegenüber: *Fischerboote vor Kota Kinabalu, Sabah.*
Rechts: *Ein Korb voller Meerestiere in Kota Kinabalu.*

Oben: *Der Sarawak-Fluß bei Kuching, der Hauptstadt Sarawaks. Obwohl Kuching eine moderne, schnellwachsende Stadt ist, strömt der Ort noch heute die Atmosphäre der Kolonialzeit aus, als er Regierungssitz der sogenannten „weißen Radschas" war.*

Links: *Ein recht luxuriöses Fischerboot auf dem Sarawak.*

Oben: *Wie alle größeren Städte in Sarawak und Sabah entstand auch Sibu um eine Siedlung chinesischer Kaufleute, und noch heute besteht ihre Bevölkerung überwiegend aus Chinesen. Die Lage der Stadt am Fluß Rajang, der auch für größere Boote befahrbar ist, hat Sibu zu einer wichtigen Hafenstadt und zum Zentrum der Holzindustrie Sarawaks werden lassen.*

Rechts: *Flußboote in Kapit am Rajang. Die langen, überdachten Passagierboote sind gewissermaßen die Autobusse der Wasserstraßen.*

Die Erzeugnisse des Waldes stellten einst ein sehr wichtiges Element im Wirtschaftsleben der meisten eingeborenen Volksgruppen dar, und sie waren auch der Hauptgrund dafür, daß chinesische Kaufleute nach Borneo kamen. Abgesehen von Holz und Rotang ist jedoch das Handelsvolumen bei den Waldprodukten stark zurückgegangen. Einige Menschen bestreiten jedoch nach wie vor mit dem Sammeln und Verkauf solcher Erzeugnisse einen Teil ihres Lebensunterhalts.
Links: Nester wilder Honigbienen in einem Mengaris-Baum. Vor 200 Jahren war das zur Kerzenherstellung verwendete Wachs dieser Bienen eines der wichtigsten Handelsgüter aus den Wäldern Borneos.
Unten links: Eine Kadazan-Frau verkauft wilden Honig und verschiedene Früchte an einer Straßenecke in Kota Kinabalu, Sabah.
Unten Mitte: Ein Selakau-Mann im Südwesten Sarawaks präsentiert sein Angebot an Engkabang-Nüssen (Samen der Dipterocarpacee Shorea macrophylla), die ein zähflüssiges eßbares Öl enthalten.
Unten rechts: Jäger von den Kelabit bei Bario, Sarawak, suchen mit Hilfe ihrer Jagdhunde nach Bartschweinen und Hirschen.

Gegenüber: Das Einsammeln von Vogelnestern einiger Salanganenarten mit Hilfe von Rotangleitern und -seilen in einer der Gomantong-Höhlen in Sabah. Die aus diesen „Schwalbennestern" hergestellte Suppe gilt bei den Chinesen als Delikatesse.

Oben: *Perlen, die von Tauchern der Bajau aus Austern geholt wurden, gehörten einst zu den wertvolleren Handelswaren der Küstenzone Nordostborneos. Eine moderne Alternative hierzu stellen Perlenzuchtbetriebe wie der hier im Bild gezeigte dar.*

Links: *Das Leistenkrokodil* (Crocodylus porosus) *lebt in den größeren Flüssen und den Küstenregionen Borneos. Mittlerweile gibt es mehrere kommerzielle Krokodilfarmen wie diese in Sandakan, Sabah. Die Arbeiter, die hier die Häute präsentieren, stammen von der indonesischen Insel Timor. Die geschmeidige Haut vom Bauch des Krokodils wird zur Herstellung von Handtaschen und Schuhen exportiert.*

Vor 200 Jahren zogen die Vorkommen von Gold im Südwesten sowie von Diamanten im Südosten der Insel chinesische Siedler und ausländische Händler an. Mittlerweile sind Edelsteine und Metalle für die Wirtschaft Borneos nur noch von geringer Bedeutung. Abgesehen von einer Kupfermine in Sabah und Kohlegruben in Kalimantan wird der Bergbau auf der Insel meist nur noch in kleinerem Maßstab betrieben und ist sehr arbeitsintensiv.

Oben: *Beim Schürfen nach Diamanten im Gebiet um Cempaka bei Banjarmasin in Südkalimantan.*

Rechts: *Goldwaschen in der Nähe des Tanjung Puting National Park in Zentralkalimantan.*

*Der Holzeinschlag in den Naturwäldern Borneos zur Gewinnung großer Mengen Nutzholz für den Export hat in den vergangenen Jahrzehnten die Landschaft der Insel stark beeinträchtigt. Ein Großteil des Dipterocarpaceen-Waldes ist mittlerweile, insbesondere im Tiefland, abgeholzt. Alte Holzabfuhrwege durchziehen die Wälder und erzeugen ein riesiges Flickenmuster ausgeholzter Flächen. Der kommerzielle Holzeinschlag ist jedoch keineswegs mit totaler Abholzung gleichzusetzen. Die wichtigsten Schritte der Ausholzung sind die Planung und der Ausbau eines Wegenetzes (oben), das Fällen großer Bäume (links Mitte) – in der Regel etwa 5 bis 15 pro Hektar – und das mechanische Herausziehen der Baumstämme, meist mit bulldozerähnlichen Raupenfahrzeugen, in einigen Fällen aber auch mit Hilfe langer Stahlkabel von der Straße aus oder gar per Helikopter. Die Stämme werden dann an bestimmten Stellen in Abschnitte zersägt und auf Lastwagen aus dem Wald geschafft (links unten). Teilweise transportieren die Lastwagen sie direkt zu einem Sägewerk oder für den Export an die Küste. Oft werden die Stämme zu einem größeren Fluß geschafft, auf dem man sie zur Küste befördert. Während des Ausholzungsvorgangs wird, je nach der Dichte der kommerziell nutzbaren Baumbestände und der Vorsicht der Arbeiter, immer ein gewisser Prozentsatz des Waldes in Mitleidenschaft gezogen. Nach Beendigung der Ausholzungsarbeiten überläßt man den Wald der natürlichen Regeneration durch nachwachsende junge Bäume, Schößlinge und Sämlinge.*

Wo immer möglich, werden Flüsse für den Transport der Baumstämme zur Küste und zu Sägewerken genutzt, weil der Transport auf dem Wasser meist billiger ist als auf der Straße.
Oben: Baumstämme werden auf dem Baram in Sarawak flußabwärts geschleppt. Zahlreiche tropische Harthölzer sind schwerer als Wasser und müssen deshalb auf Schleppkähne verladen werden.
Rechts: Eine Sperrholzfabrik am Ufer des Barito im westlichen Südkalimantan.

Hauptursache für den Verlust natürlicher Waldgebiete auf Borneo ist weniger die traditionelle Landwirtschaft und die Holzindustrie als vielmehr die Umwandlung von Wäldern in andere Formen der Landnutzung.

*Gegenüber: Dieses Gebiet im Osten Sabahs wurde in den 70er Jahren ausgeholzt und während der Dürre im Jahr 1983 von Waldbränden verwüstet. Die Regierung hat das Gebiet für ständige landwirtschaftliche Nutzung vorgesehen, Straßen gebaut und Rechtstitel an Grundbesitzer verteilt. Diese werden das verbliebene Holz sicherlich verkaufen, um anschließend Ölpalmen oder andere Nutzpflanzen anzubauen.*

*Rechts oben: Ein Bestand an Bataibäumen (Paraserianthes falcataria), eine schnellwachsende Art, die für die Holzgewinnung angepflanzt wurde. Etwa alle 15 Jahre werden sämtliche Bäume gefällt und die abgeholzten Flächen neu bepflanzt.*

*Rechts Mitte: Eine Ölpalmenplantage mit ein bis zwei Jahre alten Bäumen. Die aus Westafrika stammende Ölpalme ist ideal für Borneo, weil sie die unterschiedlichsten Bodenverhältnisse verträgt und auch bei starken Regenfällen gut gedeiht. Die Öle aus ihren Früchten werden für verschiedene Erzeugnisse verwendet, insbesondere für Speiseöle und -fette sowie für Seifen.*

*Unten: In einigen Gegenden wird die traditionelle Landwirtschaft mit der Plantagenwirtschaft kombiniert. Auf dieser Luftaufnahme, photographiert in der Nähe des Samunsam Wildlife Sanctuary in Sarawak, erkennt man Pfeffergärten zwischen Gemüsegärten, Reisfeldern, Obstgärten und brachliegendem Land.*

FOLGENDE SEITEN
*Schiffe der Bugi in Banjarmasin, Südkalimantan. Von ihrer Heimat im Süden Sulawesis aus entwickelten sich die Bugi schon früh zu den berühmtesten einheimischen Seefahrern und Händlern des gesamten Malaiischen Archipels. Heute gibt es auf Borneo zahlreiche Gemeinschaften von Bugi.*

# DIE TIERWELT

Die Tierwelt Borneos zeichnet sich, von ein paar bemerkenswerten Ausnahmen abgesehen, durch ihre Unauffälligkeit und die relativ geringe Größe ihrer Vertreter aus. Die Wunder der Fauna dieser Insel liegen weniger in den spektakulären Eigenschaften einzelner Tierarten als in ihrer enormen Formenvielfalt begründet. Wer Borneos Tierwelt selbst erkunden will, benötigt ein gewisses Maß an Geduld. Genaues Hinhören ist nicht weniger lohnend als das Hinschauen, und häufig sind Zeichen der Anwesenheit von Tieren, wie Spuren, Nester oder Nahrungsreste, leichter ausfindig zu machen als ihre Urheber.

Die Säugetiere des Regenwalds reichen von der winzigen Zwergwollfledermaus (*Kerivoula minuta)* bis zum asiatischen Elefanten. Orang-Utans und andere Primaten bewohnen noch immer viele Teile der Insel, auch wenn die Populationen einiger Arten mit der Zerstörung ihrer Lebensräume zurückgehen. Schon das normale Gehen ist im Regenwald nicht einfach, während gar das Klettern in den Bäumen sehr gefährlich sein kann und zudem viel wertvolle Energie erfordert; dies erklärt vielleicht, warum fast die Hälfte aller Säugetiere Borneos – Fledermäuse, Flughörnchen und Riesengleitflieger – die Fähigkeit zu fliegen oder zumindest zu gleiten entwickelt haben.

Allein in einem beliebigen Stück Dipterocarpaceen-Tieflandwald finden sich über 200 Vogelarten. Die meisten sind weit leichter zu hören als zu sehen; dennoch kann ein geduldiger, mit Fernglas ausgerüsteter Vogelliebhaber innerhalb weniger Tage Dutzende von Arten beobachten. Die Insekten des Regenwalds sind zahlenmäßig den Säugetieren und Vögeln um das Tausendfache überlegen, und die von ihnen verursachte Geräuschkulisse ist gewaltig. Die vielen anderen kriechenden und krabbelnden Kleintiere – darunter Spinnen, Hundertfüßer, Skorpione und Schlangen – sind weniger aufdringlich und zumeist harmlos. Überhaupt stellt das Tierleben Borneos für den Menschen in aller Regel keine Gefahr dar, und selbst krankheitsübertragende Organismen fallen hier im allgemeinen weniger zur Last als in den meisten anderen Gegenden am Äquator.

Das offene Meer um Borneo ist von farbenprächtigen Fischen, Schildkröten und Delphinen bewohnt, und einige Arten dringen auf der Suche nach Schutz und Nahrung in die Mangrovenwälder vor. Das artenreichste Tierleben im Meer spielt sich in den spektakulären Korallenriffen ab, die es an Vielfalt durchaus mit den Regenwäldern aufnehmen können.

Gegenüber: *Wilde Elefanten* (Elephas maximus), *hier bei der Nahrungssuche in einem Sekundärwald unweit des Kinabatangan in Sabah, finden sich nur in den Wäldern des Tieflands an der Nordostspitze Borneos. Sie sind sehr selektive Fresser und bevorzugen Gräser, junge Palmschößlinge, wilde Bananen und Ingwergewächse. Ihre kleinen Herden bestehen aus mehreren Weibchen und ihren Jungen, während erwachsene männliche Tiere meist als Einzelgänger leben.*

*Orang-Utans kommen nur in Nordsumatra und einigen Teilen Borneos vor, meist in sumpfigen Wäldern.*
Oben: *Ein ausgewachsener Orang-Utan-Mann im Sepilok Forest Reserve, Sabah.*
Unten: *Orang-Utan-Mutter und Kind im Tanjung Puting National Park, Zentralkalimantan.*

VORHERIGE SEITEN
Seite 138, oben links: *Der Rhinocerosvogel* (Buceros rhinoceros), *der Wappenvogel Sarawaks, wo er als* kenyalang *bezeichnet wird.*
Oben rechts: *Eine Wanze in Kutai, Ostkalimantan. Die meisten Wanzen saugen den Saft aus Pflanzen, und einige strömen, wenn sie sich bedroht fühlen, einen strengen Geruch aus.*
Unten links: *Eine von zahlreichen Meeresnacktschnecken-Arten, die auf den Korallenriffen um Borneo leben.*
Unten rechts: *Ein junger Orang-Utan* (Pongo pygmaeus) *im Tanjung Puting National Park, Zentralkalimantan.*

Seite 139: *Der Rajah-Brooke-Vogelflügler* (Trogonoptera brookiana), *eine seltene, besonders schöne Art mit einer Flügelspannweite von bis zu 17 cm.*

Die Abholzung von Wäldern für landwirtschaftliche Zwecke im fruchtbaren Tiefland Ostborneos hat viele Orang-Utans vertrieben, und
dieser Trend hält noch immer an. Einige von dieser Entwicklung be-
troffene Exemplare werden von Tierschützern eingefangen und in
unter besonderem Schutz stehende Wälder anderswo umgesiedelt.
Ausgewachsene Orang-Utans können sich allein durchs Leben schlagen, während jüngere – wie diese hier im Tanjung Puting National
Park, Kalimantan (oben links und links) – mit Nahrung und Unter-
kunft versorgt werden und lernen müssen, selbständig zu überleben.

Oben rechts: Ein erwachsener Orang-Utan flicht im Blätterdach des
Waldes Zweige und Äste mit Blättern zu einem federnden Schlafplatz
zusammen. Jeden Tag baut er sich eine neue derartige Plattform.

Gibbons – schlanke, akrobatische Affen der südostasiatischen Regenwälder – sind in den Berg- und Tieflandwäldern Borneos, wo sie in zwei Arten vertreten sind, häufig anzutreffen. Die Gibbons leben, was für Säugetiere ungewöhnlich ist, in kleinen, beständigen Gruppen mit einem erwachsenen Männchen, einem erwachsenen Weibchen und zwei bis drei Jungen. Das Elternpaar singt gern laute Duette, und der Ruf des Weibchens ist schon aus großer Entfernung zu hören. Ein Gibbon schwingt sich mit hoher Geschwindigkeit durch den Wald; wie ein Pendel hängt sein Körper dabei von den langen Armen herab. Gibbons ernähren sich von reifen Früchten, Blattschößlingen und Insekten.

Oben: *Der Ungka* (Hylobates agilis), *eine Gibbonart, die zwischen den Flüssen Barito und Kapuas in Kalimantan lebt.*

Rechts: *Der Graue oder Borneo-Gibbon* (Hylobates muelleri), *der mehr im übrigen Borneo vertreten ist.*

Makaken sind sehr anpassungsfähige, gesellige Affen, die zumeist in Gruppen von 20 oder mehr Individuen zusammenleben. Zwei Arten sind über ganz Borneo verbreitet. Beide leben in den Wäldern, von denen aus sie aber mit Vorliebe in Plantagen und Kleingärten einfallen, um Obstbäume zu plündern.

Oben: *Der Schweinsaffe (Macaca nemestrina) lebt in den Bergwäldern in Gruppen, die sich sowohl von Baum zu Baum als auch auf dem Boden fortbewegen.*

Links: *Der Javaneraffe (Macaca fascicularis) ist ein Bewohner der Wälder im Tiefland und in Küstennähe. Oft ist er an den Ufern breiter Flüsse zu beobachten. In den Mangrovenwäldern an den Küsten ernährt er sich von Garnelen.*

Der Kahau oder Nasenaffe (Nasalis larvatus) findet sich ausschließlich auf Borneo, wo er sich nur in Teilen der Küstenzone und an einigen breiten Flüssen vermehrt. Charakteristisches Merkmal dieses Affen ist seine Nase, die bei ausgewachsenen Männchen tief herabhängt (oben), während sie bei Weibchen und Jungen eher kurz und wie eine Stupsnase ist (rechts). Nasenaffen lassen sich am ehesten von einem Boot aus an Flüssen und in Mangrovensümpfen beobachten. Jeden Nachmittag finden sie sich gruppenweise in Bäumen entlang der Wasserläufe ein, auf denen sie die Nacht verbringen. Am frühen Morgen ziehen sie dann wieder in den Wald, wo sie sich tagsüber aufhalten. Diese sanftmütigen Affen ernähren sich überwiegend von den Blättern und Samen verschiedener Baumarten.

Oben: *Ein weiblicher Indischer Sambar* (Cervus unicolor), *die größte Hirschart auf Borneo.*
Rechts: *Der Großkantschil* (Tragulus napu), *ein winziges Tier, das sich von herabgefallenen Früchten und Pflanzenteilen in schattigen Teilen des Waldes ernährt.*

GEGENÜBER
Ganz links: *Ein Malaiischer Riesengleitflieger* (Cynocephalus variegatus), *ein durch die Luft gleitendes Säugetier, das keine nahen lebenden Verwandten hat.*
Oben: *Der Plumplori* (Nycticebus coucang), *ein nachtaktiver Verwandter der Affen.*
Unten: *Ein Malaienbär* (Helarctos malayanus), *auch bekannt als Honigbär. Dieser weltweit kleinste aller Bären ernährt sich hauptsächlich von Termiten, Maden und dem Inhalt von Bienennestern.*

Auf Borneo leben die unterschiedlichsten Vogelarten, von denen einige hier heimisch sind, während andere nur zu bestimmten Jahreszeiten von Nordasien einfliegen. *Gegenüber: Der Furchenjahresvogel* (Rhyticeros undulatus), *einer von acht auf Borneo lebenden Hornvogelarten. Diese Art trifft man häufig in ausgedehnten, hohen Wäldern an, wie beispielsweise im Tabin Wildlife Reserve in Sabah. Sein Ruf ähnelt dem Gejaule eines jungen Hundes. Große Hornvögel zeichnen sich durch charakteristische Flügelschläge aus, deren Geräusche zuweilen an die einer kleinen Dampflokomotive erinnern. Rechts: Ein Borneo-Malabarhornvogel* (Anthracoceros convexus), *der ausschließlich in flußnahen Wäldern des Tieflands anzutreffen ist. Er stößt laute, gackernde Schreie aus. Unten: Der Malaienspint* (Merops viridis), *eine Zugvogelart, die man am häufigsten in den offenen Küstenebenen sieht.*

Oben: *Ein junger Weißbauch-Seeadler* (Haliaeetus leucogaster), *ein Bewohner der Küstenzone. Diesen stolzen Vogel mit seiner gewaltigen Flügelspannweite sieht man gelegentlich über dem Meer vor Küstenstädten und über Klippen schweben. Sein Ruf ist ein wiederholtes, lautes, an Gänse erinnerndes Quaken.*

Links: *Der Brahminenweih* (Haliastur indus), *der von den Iban als heilig verehrt wird, ist als einer der am weitesten verbreiteten Greifvögel Borneos häufig über offenem Land und Siedlungen der Küstenregionen zu beobachten. Sein Ruf ist ein hartes Miauen.*

Gegenüber: *Ein Reiher in einem Baum am Ufer des Sekunir in Zentralkalimantan.*

Oben links: *Der Meninting-Eisvogel* (Alcedo meninting) *lebt an Bächen im Regenwald. Er ist eine von elf Arten von Eisvögeln auf Borneo.*

Oben rechts: *Die Glanzkäfertaube* (Chalcophaps indica), *ein ruhiger, einsiedlerischer Vogel, der unter niedrigen Bäumen auf dem Boden lebt. Von Zeit zu Zeit ziehen zahlreiche Vögel dieser Art von einer Gegend zur anderen.*

Links: *Ein männlicher Gabelschwanzfasan (*Lophura erythropthalma), *ein in den Wäldern Bruneis, Sarawaks und Westkalimantans lebender Vogel. Das Männchen erzeugt mit seinen Flügeln charakteristische surrende Geräusche.*

Oben: *Ein Wellenreiher (Gorsachius melanolophus).
Der selten anzutreffende Vogel lebt in der dichten
Vegetation der Sümpfe.*

Rechts: *Eine männliche Rotrückenpitta (Irichipitta
baudii), ein besonders schöner, nur auf Borneo lebender Vogel. Er bevorzugt feuchte, schattige Stellen in
Dipterocarpaceen-Wäldern im Tiefland.*

Links: *Eine Weißbrust-Kielralle* (Amaurornis phoeni-curus), *die in fast jedem Lebensraum außerhalb des Waldes anzutreffen ist. Wo auch immer feuchtes, ho-hes Gras wächst, ist dieser Vogel in der Regel nicht weit. Er stößt verschiedene laute Rufe aus.*

Links unten: *Eine männliche Türkis-Irene* (Irena pu-ella). *Dieser attraktive Vogel ist in den meisten aus-gedehnten Waldgebieten des Tieflands zu Hause. Er ernährt sich von Früchten und Insekten.*

Gegenüber: *Der kräftig gebaute Malaienstorch* (Lep-toptilos javanicus) *lebt von Aas und Fischen. Obwohl er relativ selten ist, kann man ihn in vielen Teilen Bor-neos antreffen. Am häufigsten kommt er in den weit-läufigen offenen Feuchtgebieten an den Küsten vor.*

Oben: *Das Leistenkrokodil* (Crocodylus porosus) *ist mit bis zu 6 m Länge das größte Reptil Borneos. Diese Art lebt hauptsächlich an den Unterläufen großer Flüsse und in Mangrovenwäldern. Im 19. Jahrhundert galt das Leistenkrokodil als ernsthafte Gefahr für die Menschen an den Flüssen Borneos. Nach Jahrzehnten intensiver Bejagung sind die Bestände mittlerweile jedoch stark dezimiert, so daß nur noch selten Menschen von Krokodilen getötet werden.*

*Von den über 150 Schlangenarten auf Borneo ist die überwiegende Mehrzahl ungiftig. Fast alle Schlangen sind sehr scheu und ziehen sich beim Herannahen von Menschen sofort zurück.*

Links Mitte: *Die Mangroven-Nachtbaumnatter* (Boiga dendrophila), *eine furchterregend aussehende, aber gänzlich harmlose Schlange, die am häufigsten in den Mangrovenwäldern anzutreffen ist.*

Links unten: *Eine Spitzkopfnatter* (Elaphe oxycephalum) *im Pulau Tiga Park, Sabah.*

Gegenüber: *Ein Bindenwaran* (Varanus salvator), *Borneos größte Echse, genießt die Sonne auf einem Baum am Ufer des Sekunir in Zentralkalimantan.*

Oben: *Eine Baumkröte* (Pedostibes hosei) *im Gunung Mulu National Park, Sarawak.*

Rechts: *Eine Borneo-Schönechse* (Calotes cristatellus), *eine an Waldrändern heimische Art. Diese Echse kann ihre Hautfarbe von einem leuchtenden Grün zu einem stumpfen, bräunlichen Farbton ändern.*

GEGENÜBER
Oben: *Ein Baumfrosch* (Polypedates otilophus), *der in niedriggelegenem Buschland in der Nähe von Wasserläufen und anderen Feuchtgebieten heimisch ist.*

Unten: *Ein Flugdrachen der Gattung* Draco *in einem Sumpfwald am Kinabatangan in Sabah. Diese kleinen Echsen zeichnen sich durch Hautlappen an den Körperseiten aus, die, wenn sie sie anspannen, ihnen das Gleiten von einem Baumstamm zum anderen ermöglichen. Hier präsentiert sich ein Männchen mit seinem gelb und weiß gefärbten Kehllappen einem Weibchen.*

Die Schmetterlinge Borneos sind außergewöhnlich schön, treten aber nur zu bestimmten Jahreszeiten in Erscheinung: Einige Arten trifft in manchen Monaten überreichlich, in anderen dagegen gar nicht an.
Gegenüber: *Ein Schmetterling der Familie* Nymphalidae *im Kutai National Park, Kalimantan.*
Rechts: *Ein Fünfbinden-Segelfalter* (Graphium antiphates itamputi).
Unten: *Vier schöne Vertreter unterschiedlicher Schmetterlingsarten, allesamt männlich, fressen die Mineralien in tierischen Exkrementen auf dem Waldboden bei Bario, Sarawak. Das Exemplar oben im Bild mit der rot-gelben Zeichnung ist die „Ruhmreiche Begum"* (Agatasa calydonia). *Die anderen (im Uhrzeigersinn) sind ein Nawab* (Polyura spec.), *ein Sergeant* (Athyma spec.) *und ein Blauer Nawab* (Polyura schreiber).

Links: *Die Termiten,hier der Gattung* Hospitalitermes,
*gehören zu den häufigsten und ökologisch wichtigsten
Gruppen von Insekten in den Regenwäldern Borneos.
Sie bohren sich durch Holz und verdauen es auch.*
Ganz oben: *Große Riesenkugler der Ordnung* Onisco-
morpha *leben im Laub auf dem Boden von Borneos
Regenwald, wo sie sich von vermodernden Pflanzen-
resten ernähren. Wenn sie sich bedroht fühlen, rollen
sie sich wie auf dem Photo zusammen.*
Oben: *Auch Ameisen sind im Regenwald in großer
Zahl anzutreffen. Dieser an Baumschößlingen aufgehängte Ameisenbau besteht aus Pflanzenmaterial, das
die Ameisen zu einer breiigen Masse zerkaut haben.*
Gegenüber: *Diese faszinierende Aufnahme einer besonders schönen Heuschrecke läßt nicht ahnen, daß
diese Tiere zu einer wahren Landplage werden können, wenn sie in riesigen Schwärmen über die Halme
junger Reispflanzen herfallen. Zusammen mit den
samenfressenden Schilffinken gehören die Heuschrek-
ken in den traditionellen Reisanbaugebieten zu den
meistgefürchteten Tieren überhaupt.*

Oben: *Eine Schlankjungfer. Diese zarten Verwandten der Libellen mit ihren flattrigen Flugbewegungen sind aufgrund ihres hervorragenden Sehvermögens in der Lage, ihre Beute im Flug zu fangen.*

Rechts: *Ein Stachelspinnen-Weibchen der Familie Argiopidae, das vor räuberischen Vögeln gut geschützt ist. Die leuchtendgelbe Färbung dient vermutlich als Warnung vor den spitzen Stacheln.*

Rechts unten: *Die Raubwanze (Familie Reduviidae) jagt auf dem Boden nach anderen Insekten, deren Körperflüssigkeit sie durch Einstichlöcher aussaugt.*

Gegenüber: *Eine Gruppe von Baumwanzen (Catacanthus incarnatus), die wegen ihrer schildartigen Körperform auch Schildwanzen genannt werden. Die meisten Wanzen des Waldes ernähren sich von Pflanzensaft.*

Die winzige Insel Sipadan südlich der Halbinsel Semporna in Sabah ist einer der faszinierendsten Tauchgründe der Erde. Das Korallenriff kann man sowohl im klaren, flachen Wasser als auch am Rand des Riffs erkunden, wo das Meer bis in eine Tiefe von 600 m abfällt. Die Fächerkoralle (oben) ist nur in tieferen Gewässern anzutreffen. Verankert zwischen verschiedenen Korallen, streckt sie ihre Arme in die Strömung, um kleine vorbeitreibende Lebewesen einzufangen.

Links: Der in flachen Gewässern anzutreffende Samtkorallenfisch (Premnas biaculeatus) lebt im Schutz einer Seeanemone. Der Fisch ist gegen die Nesselkapseln der Anemone durch eine spezielle Schleimschicht auf seiner Haut geschützt.

Sowohl die *Echte Karettschildkröte* (Eretmochelys imbricata, *oben*) als auch die größere *Suppenschildkröte* (Chelonia mydas, *rechts*) sind vor der Nordostküste Sabahs zu Hause. Alle Arten von Meeresschildkröten sind vom Aussterben bedroht; infolge des Einsammelns ihrer Eier sind ihre Bestände dramatisch zurückgegangen, und viele von ihnen ersticken, nachdem sie sich in Fischernetzen oder Reusen verfangen haben. Die Suppenschildkröte wird vielerorts wegen ihres Fleisches gejagt, während aus der Schale der Echten Karettschildkröte Schildpatt gewonnen wird. Pläne mit dem Ziel, ein erneutes Anwachsen der Schildkrötenpopulationen zu fördern, sehen unter anderem den Schutz von Eiablageplätzen an den Stränden sowie die Errichtung von Zuchtstationen vor, wo die Eier sowohl vor räuberischen Landtieren als auch vor Eiersammlern geschützt werden sollen.

In den seichten, warmen Gewässern der Korallenriffe wimmelt es vor Leben, und die biologische Vielfalt in diesem unterseeischen Lebensraum ist durchaus mit der des Regenwalds vergleichbar.
Links: *Eine Schule von Gelbfleck-Kaiserfischen (Gnathodentex aureolineatus), begleitet von Gelbflossen-Ziegenfischen (Mulliodes vanicolensis).*
Oben: *Der Tintenfisch paßt seine Farbe dem jeweiligen Hintergrund an, um von Räubern oder von seiner Beute nicht entdeckt zu werden.*

Oben: *Ein Clown-Drückerfisch* (Balistoides conspiculum). *Der Name dieses etwa 50 cm langen Fisches leitet sich von der besonderen Form der Rückenflosse ab. Deren erster Stachelstrahl kann sich wie der Abzug – oder Drücker – eines Gewehrs aufrichten und die Flosse gewissermaßen arretieren. Zieht der Fisch sich zu seinem Schutz in eine Felsspalte zurück, verhindert die abgespreizte Flosse, daß er von einem Räuber herausgezerrt werden kann.*

Links: *Gespensterfische* (Taenianotus spec.) *wie dieses rosafarbene Exemplar sind Raubfische und können mit ihrem großen Maul sogar Lebewesen verschlingen, die fast so groß sind wie sie selbst. Sie bevorzugen langsam fließende oder ruhige Gewässer in Küstennähe, in denen sie sich wie ein abgefallenes Blatt treiben lassen, bis sie ihre Beute sichten.*

Oben: *Ein Gelbmasken-Engelfisch* (Pomocanthus xan-thometopon). *Diese schönen, aber scheuen Fische halten sich immer dicht an den Korallen, um bei Gefahr blitzartig in einer Spalte verschwinden zu können.*

Rechts: *Nacktkiemer, wie diese* Chromodoris bullocki, *können sehr unterschiedlich gefärbt sein. Der Name dieser Meeresnacktschnecken bezieht sich auf ihre freiliegenden Kiemen am Rücken. Das hier abgebildete Exemplar hat sich auf einer Seescheide* (Polycarpa aurata) *niedergelassen, deren Körper im wesentlichen aus einem hochentwickelten Schlund besteht, durch den das Tier atmet und auch Nahrung zu sich nimmt.*

# NATURSCHUTZGEBIETE AUF BORNEO

Die einzige Möglichkeit, die meisten wilden Pflanzen- und Tierarten langfristig zu erhalten, besteht darin, beispielhafte Flächen ihrer sämtlichen natürlichen Lebensräume als Naturparks und Reservate unter gesetzlichen Schutz zu stellen. Die folgende Auflistung enthält einige der wichtigsten bereits bestehenden oder in Planung befindlichen Naturschutzgebiete Borneos. Zahlreiche andere Schutzzonen, die für die Erhaltung der Artenvielfalt von Bedeutung sind, fehlen in dieser Liste, weil sie in erster Linie als Fischereischutzgebiete ausgewiesen oder für die Holzproduktion, sonstige Nutzungen durch menschliche Gemeinschaften, Erholungs-, Bildungs- oder Forschungszwecke vorgesehen sind und aufgrund ihrer großen Zahl hier ohnehin nicht vollständig aufgeführt werden könnten. Die hier abgedruckte Aufstellung umfaßt besonders interessante oder wichtige Naturschutzgebiete, wobei die am besten zugänglichen mit einem * gekennzeichnet sind.

ha = Hektar (1 ha = 100 a = 10 000 m²)

## Sabah

CROCKER RANGE NATIONAL PARK* (139 919 ha). Lange Bergkette, wichtig als Fischereischutzgebiet.

DANUM VALLEY CONSERVATION AREA* (42 755 ha). Unterschiedliche Dipterocarpaceen-Wälder. Standort einer Forschungsstation für Feldstudien.

GOMANTONG FOREST RESERVE* (3297 ha). Hügelige Kalksteinlandschaft mit Höhlen, in denen eßbare Vogelnester gesammelt werden.

KINABALU PARK* (75 370 ha). In diesem Gebiet steht der Gunung Kinabalu, Südostasiens höchster Berg.

KINABATANGAN WILDLIFE SANCTUARY* (im Aufbau). Nasenaffen und zahlreiche andere Säugetiere und Vögel. Verschiedene Fluß- und Seen-Habitate.

GUNUNG SILAM* (4128 ha). Kleiner Berg an der Küste aus ultrabasischem Gestein mit außergewöhnlichen Flora.

RAFFLESIA VIRGIN JUNGLE RESERVE* (356 ha). Der am besten zugängliche Standort von Rafflesia-Blüten auf ganz Borneo.

SEMPORNA MARINE PARK (im Aufbau). Malerische Korallenriffe und Inselhabitate.

SEPILOK FOREST RESERVE* (4292 ha). Standort von Borneos ältestem Rehabilitationszentrum für Orang-Utans.

TABIN WILDLIFE RESERVE (122 530 ha). Wichtiger Lebensraum für große Säugetiere.

TAWAU HILLS PARK (27 972 ha). Schöne Dipterocarpaceen-Wälder. Wichtiges Fischereischutzgebiet.

TUNKU ABDUL RAHMAN PARK* (Inseln und Meer: 4929 ha). Korallenriffe und Wälder. Sehr nahe an Kota Kinabalu.

TURTLE ISLANDS PARK* (Inseln und Meer: 1740 ha). Wichtige Eiablageplätze für Meeresschildkröten.

## Sarawak

SARAWAK BAKO NATIONAL PARK* (2728 ha). Meeresklippen und Heidewald.

BATANG AI NATIONAL PARK* (24 040 ha). Wassersammelgebiet für Staudamm mit Wasserkraftwerk. Grenzt an das Lanjak-Entimau Wildlife Sanctuary.

GUNUNG GADING NATIONAL PARK* (4196 ha). Vorkommen von *Rafflesia tuan-mudae*.

GUNUNG MULU NATIONAL PARK* (52 887 ha). Eindrucksvolle Höhlensysteme sowie vielfältige und artenreiche Wald-Habitate.

LAMBIR HILLS NATIONAL PARK* (6952 ha). Mannigfaltige Dipterocarpaceen-Flora auf niedrigen Sandsteinhügeln.

LANJAK-ENTIMAU WILDLIFE SANCTUARY (168 755 ha). Entlegene Dipterocarpaceen-Wälder. Wichtigstes Schutzgebiet für Orang-Utans in Sarawak.

LOAGAN BUNUT NATIONAL PARK (10 245 ha). Torfsumpf- und Seen-Habitate, in denen sowohl die Tierwelt als auch die traditionelle Fischerei unter Schutz stehen.

NIAH NATIONAL PARK* (3140 ha). Borneos bedeutendste archäologische Ausgrabungsstätte. Kalksteinfelsen und Dipterocarpaceen-Wälder.

SIMILAJAU NATIONAL PARK (7067 ha). Küstennaher Wald; Sandstrände.

## Brunei Darussalam

ULU TEMBURONG-BATU APOI FOREST RESERVE (48 800 ha). Dipterocarpaceen-Bergwald. Standort des Kuala Belalong Field Studies Centre.

## Westkalimantan

DANAU SENTARUM RESERVE (80 000 ha). Eine Reihe von Seen, die von Torfsumpfwäldern umgeben sind.

GUNUNG BENTUANG-KARIMUN NATURE RESERVE (600 000 ha). Ausgedehnte Bergwälder, angrenzend an das Lanjak-Entimau Wildlife Sanctuary in Sarawak.

GUNUNG PALUNG NATURE RESERVE* (30 000 ha). Umfaßt eine Reihe unterschiedlicher Habitate von der Küste bis auf 1600 m über dem Meer.

## Zentralkalimantan

BUKIT RAYA NATURE RESERVE (110 000 ha). In diesem Gebiet steht der höchste Berg Kalimantans.

PARARAWEN NATURE RESERVE (6200 ha). Überreste unberührter Tiefland-Dipterocarpaceen-Wälder.

TANJUNG PUTING NATIONAL PARK* (355 000 ha). Ausgedehnte Torfsumpf-, Heide- und Tiefland-Dipterocarpaceen-Wälder mit großen Populationen von Orang-Utans und Nasenaffen.

## Südkalimantan

PLEIHARI MARTAPURA GAME RESERVE (36 400 ha). Botanisch artenreiche Bergwälder. Das einzige größere geschützte Waldgebiet Südostborneos.

## Ostkalimantan

KUTAI NATIONAL PARK* (200 000 ha). Tieflandwälder mit großen Säugetieren. Bei einem Waldbrand im Jahr 1983 stark in Mitleidenschaft gezogen.

SUNGAI KAYAN-MENTARANG NATURE RESERVE (1 600 000 ha). Das größte Schutzgebiet Borneos mit unterschiedlichen Wäldern und Lebensräumen, von Flußlandschaften bis zu Bergen; grenzt an Sarawak und Sabah.

# REGISTER